Martin Schretzenmayr

Heimische Bäume und Sträucher Mitteleuropas

Mit farbigen Fotografien von Gisela Hermann

Prof. Dr. Martin Schretzenmayr

Heimische
Bäume und Sträucher
Mitteleuropas

Urania-Verlag Leipzig · Jena · Berlin

Die Abbildungen auf S. 21 oben und 27 stammen von G. Embert
und auf S. 197 unten von M. Schretzenmayr.
Alle übrigen Abbildungen fertigte Frau G. Hermann an.

Schretzenmayr, Martin:
Heimische Bäume und Sträucher Mitteleuropas /
Martin Schretzenmayr. [Mit farb. Fotogr.
von Giesela Hermann]. 2. Aufl. – Leipzig :
Urania-Verlagsgesellschaft mbH, 1990. –
Urania-Verlag Leipzig ; Jena ; Berlin. –
223 S. : 196 Ill. farb.
ISBN 3-332-00267-8

ISBN 3-332-00267-8

2. Auflage 1990

Urania-Verlag Leipzig · Jena · Berlin, 1990
Lektor: Christoph Needon
Buchgestaltung: Dietmar Senf
Schrift: 9 p Baskerville
Printed in Germany

Inhalt

Einleitung	7
Bau und Leben der Holzgewächse	9
Bestimmungshilfe zum Auffinden unbekannter Arten	11
Beschreibung der Arten in den Gruppen	
Nadelbäume	20
Laubbäume	40
Straucharten	114
Erläuterung von Fachausdrücken	216
Literatur	219
Register der Artnamen	220

Einleitung

Baum und Strauch spielten lange Zeit im Leben der Menschen eine große Rolle. Viele kannten die heimischen Gewächse, weil man von ihnen die verschiedensten Gebrauchsgegenstände anfertigen konnte. Namen wie Korbweide, Spindelbaum, Besenginster, Pulverholz weisen noch heute darauf hin. Für Wagendeichseln, Radspeichen, Sensen- und Rechenstiele, Dachschindeln, Brunnenröhren, Möbel und Bauholz wurden jeweils verschiedene Baumarten oder deren Teile bevorzugt. Bis zur Einführung des Eisenbahnverkehrs war in den meisten Gegenden Holz fast die einzige Quelle für Wärmeenergie. Dafür benötigte man etwa Dreiviertel der Waldfläche. Mit Hilfe der bescheidenen Gaben von Baum und Strauch, wie den Früchten, der Rinde, den Zweigen als Futter für Haustiere, ließ sich in Notzeiten und Mißerntejahren das Leben bis zu einer neuen, besseren Ernte fristen. Bekannt waren auch die Heilwirkungen vieler Blätter, Blüten und Früchte. Bäume und Sträucher spielten schließlich in Sagen und Märchen eine Rolle sowie beim Brauchtum im Ablauf der Jahreszeiten.

Heute werden in den Wäldern Mitteleuropas auf großen Flächen nur noch Kiefer, Fichte und Buche kultiviert. Sie bedecken über Dreiviertel der Waldfläche. Die Sträucher hielten sich noch länger an den Waldrändern, in Feldhecken, auf extensiv genutzten Flächen oder altem und neuem Ödland. Beim Neuaufbau einer modernen, gut gegliederten Kulturlandschaft gewinnt jedoch manche Baumart wieder an wirtschaftlicher Bedeutung. Verschiedene Gehölzarten werden heute auch aus landschaftsökologischen Gründen bevorzugt, z. B. in Trinkwassereinzugsgebieten, zum Schutz der Ufer von Bächen und Flüssen, in Küstenschutzwäldern, an erosionsgefährdeten Steilhängen, zur Begrünung von Bergbauhalden und -kippen sowie Mülldeponien. Auch in durch Luftverunreinigung geschädigten Gebieten werden vielerlei Bäume und Sträucher angepflanzt, für die im normalen Forstbetrieb kein Platz mehr war. Bei der Eingrünung moderner Siedlungen finden zunehmend heimische Arten einen Platz. In planmäßig angelegten Flurgehölzen können Sträucher neben ihrer Aufgabe als Bodenschutzgehölze auch als Heilpflanzen dienen und relativ leicht beerntet werden. Trotzdem ist manche Art in stetem Rückgang begriffen und zum Teil in ihrem Fortbestand gefährdet. Wenn wir jedoch diese Arten schützen und fördern wollen, müssen wir sie kennen.

Daher sollen dem Naturfreund die wichtigsten in Mitteleuropa heimischen Bäume und Sträucher in Wort und Bild vorgestellt werden. Als heimisch werden Gehölzarten bezeichnet, die einheimisch sind oder als eingebürgert angesehen werden können. Sie kommen außerhalb städtischer Anlagen oder ländlicher Parks und Gärten vor, sowohl als Forstbaum, Pioniergehölze in Flurholzreihen, entlang von Straßen und deren Böschungen, auf Meliorationsflächen wie Kippen und Halden, auf Ödländereien und an Flußufern, als auch in Wildverbißgehölzen, Waldrändern und Hecken. Viele der eingebürgerten Arten verwildern leicht.

Heimische Arten können in Wald und Flur angetroffen werden. Berücksichtigt wurde der mitteleuropäische Raum zwischen Oder und Rhein, der Ostsee und den Alpen. Nicht behandelt wurden die etwa 40 Zwergsträucher unserer Flora. Auch bei sehr artenreichen Gattungen, z. B. Wildrosen oder Weiden, mußte eine Auswahl getroffen werden, da für ihre Unterscheidung meist Spezialkenntnisse erforderlich sind.

Im Text wurde neben Angaben über die Verbreitung und der botanischen Beschreibung vor allem auch die landeskulturelle Bedeutung der verschiedenen Gehölzarten herausgestellt. Als Abbildungen schuf die Fotografin Gisela Hermann Farbfotos von Blättern, Blüten und Früchten.

Die Anordnung der Arten erfolgt in drei Gruppen: Nadelbäume, Laubbäume und Sträucher einschließlich kleiner Bäumchen, die aber meist strauchartig angetroffen werden. Die Grenzen zwischen den Lebensformen Baum und Strauch können allerdings fließend sein. Darauf weisen volkskundliche Namen wie Faulbaum, Spindelbaum für Straucharten hin. Manche Sträucher können auch baumförmig wachsen oder künstlich dazu erzogen werden, z. B. Weißdorn, Wacholder u. a. Noch häufiger kann man Baumarten in Strauchform antreffen, wie Feldahorn, Hainbuche und Eibe in Schnitthecken oder an Waldrändern, Bachufern und Feldrainen, wo sie immer wieder abgeschlagen wurden, weil sie den Landwirt störten. Solche Abweichungen wurden bei den Gruppen nicht berücksichtigt.

Innerhalb dieser Gruppen ist, dem Brauch verbreiteter gehölzkundlicher Fachbücher folgend, eine alphabetische Anordnung gewählt worden, der die Namen der »Exkursionsflora für die Gebiete der DDR und BRD« von Rothmaler (1984) zugrunde liegen. Außerdem werden zwar nicht mehr gültige, aber oft noch besser bekannte Bezeichnungen angegeben und in das Artenregister am Schluß aufgenommen. Um das Auffinden von Arten in der ausführlichen, alphabetisch angeordneten Beschreibung zu erleichtern, ist ein kleiner Bestimmungsschlüssel für die Arten, zum Teil auch nur für die Gattungen aufgenommen worden.

Bau und Leben der Holzgewächse

Baum und Strauch sind eine pflanzliche Lebensform, deren oberirdische Erneuerungsorgane, wie Blatt- und Blütenknospen, in der ungünstigen Jahreszeit – sei es ein kalter Winter oder ein trocken-heißer Sommer – nicht absterben wie etwa bei Gräsern oder Kräutern. Selbst die Blätter können bei einer Reihe von Arten mehrere Jahre überdauern.

So robust uns die Lebensform »Baum« auch erscheint, dürfen wir jedoch nicht übersehen, daß unter extremen Standortbedingungen zuerst die Bäume aus dem Pflanzenkleid der Erde verschwinden, wie in den weiten Tundrengebieten, im Hochgebirge mit seiner markanten Baumgrenze oder in den Steppen und Halbwüsten. Auch das gemäßigte Klima Mitteleuropas bringt für hochragende Holzgewächse Erschwernisse, mit denen ein Baum fertig werden muß. Die Wasserleitung aus dem Boden bis in die Baumwipfel muß bis zu den Spitzentrieben funktionieren, auch in der kalten Jahreszeit. Mit dem Wasserstrom durch die Pflanze sind auch die mineralischen Nährstoffe zu transportieren. Die Assimilationsprodukte der Blätter müssen in gegenläufiger Richtung über den ganzen Baum bis in die Wurzeln verteilt und gespeichert werden, um im Frühjahr an allen Stellen des neuen Wachstums zur Verfügung zu stehen, auch dann, wenn die Blätter noch fehlen. Außerdem ist eine hochragende Pflanze Stürmen ausgesetzt und hat im Winter Schnee- und Eislasten zu tragen ohne abzubrechen. Für all diese Aufgaben wurden beim inneren Aufbau der Gehölze im Laufe von vielen Millionen Jahren Einrichtungen geschaffen, die wir im folgenden näher betrachten wollen. Ihre völlige Erforschung ist aber bis heute noch nicht abgeschlossen.

Bäume haben in der Regel nur einen Stamm, während Sträucher mehrstämmig sind. Zwischen beiden Formen gibt es Übergänge. Im allgemeinen spricht man von einem Baum, wenn ein Holzgewächs über 5 m hoch wird und einstämmig ist. Genaue Festlegungen gibt es jedoch nicht. Der Baumstamm, auch Schaft genannt, trägt die Äste und Zweige mit den Blättern. Dieser Komplex wird als Baumkrone bezeichnet. Ein typischer Strauch hätte danach nur eine Krone, aber keinen Schaft. Die Grundzüge des inneren Aufbaus des Holzes und der Rinde sind bei Stamm und Ästen gleich. Alle Teile des Baumes geben ihm sein Aussehen oder seinen Habitus. Dieser kann so charakteristisch sein, daß ein Erfahrener die Baumart schon erkennt, ohne aus größerer Entfernung bereits Einzelmerkmale, wie die Blattform, wahrzunehmen.

Das ausdauernde Wachstum der Gehölze, von denen einige über tausend Jahre alt oder bis 100 m hoch werden können, ist an spezifische Baueigentümlichkeiten gebunden. Diese sind im mikroskopischen Bild recht kompliziert und zeigen Unterschiede zwischen den Arten und natürlich auch zwischen Laub- und Nadelbäumen.

Beim Betrachten eines abgesägten Stammes oder auch eines stärkeren Astes kann man die Jahresringe erkennen, aus denen sich der Holzkörper aufbaut. An der Peripherie schließt die Rinde bzw. die tote Borke den

Stamm nach außen ab. Zwischen dem zentralen Holzkörper mit toten Zellen und dem peripheren Rindenteil liegt ein Zellbildungsgewebe, das Kambium. Es weist zwar im Laufe des Jahres eine Ruheperiode auf, stirbt aber erst mit dem Tod des Baumes ab. Dieser schmale, mit bloßem Auge nicht sichtbare Kambiumring bildet nach außen verschiedene Zellarten, unter denen die Siebzellen die physiologisch wichtigsten sind, da in ihnen die organischen Stoffe, die vorrangig in den Blättern gebildet werden, durch Äste und Stamm an die Orte des Verbrauches, des Wachstums und der Speicherung wandern.

Das Kambiumwachstum beginnt im Frühjahr schon vor dem Laubausbruch. Nach innen entstehen großlumige Zellen, die Wasser und mit ihm anorganische und organische Nährstoffe leiten können. Dies ist im Frühjahr gut an abgeschnittenen Zweigen von Birken und Hainbuchen zu sehen, bei denen der zuckerhaltige sogenannte Blutungssaft in kleinen Tröpfchen austreten kann. Bereits im Juli werden nur noch englumige Holzzellen gebildet, und ab August geht das Wachstum des Holzteiles allmählich zu Ende. Innerhalb jedes Jahresringes läßt sich das meist hellere Frühholz und das in der Regel dunklere Spätholz erkennen. Die Zellen des Holzteiles sterben bald ab, ausgenommen die radial angeordneten Markstrahlenzellen, und dienen dann einige Jahre vorrangig der Wasserleitung aus der Wurzel zu den Zweigspitzen. Das häufig hellere Holz der äußeren, jüngeren Jahresringe, das deutlich anders gefärbt ist als der innere Kern, wird auch als Splint bezeichnet. Das oft dunklere Holz im inneren Kern dient im wesentlichen der Festigung des Stammes. In ihm sind Gerbstoffe, Harz oder Farbstoffe eingelagert. Eine Reihe von Arten hat kein dunkles Kernholz, z. B. die Weiden. Die vom Kambium in radialer Anordnung gebildeten Markstrahlen besitzen lebende Zellen und dienen vor allem der Nährstoffspeicherung. Gut zu sehen sind sie an gespaltenem Holz von Buche und Eiche.

Vom Kambiumring nach außen entstehende Zellen sind sehr verschieden. Neben den Bastfaserzellen stellen die Siebröhren die wichtigsten Elemente des Leitgewebes dar. Sie werden vor allem im Frühjahr angelegt und bleiben bis zum Herbst funktionsfähig. Die Jahresringbildung im peripheren Rindenteil ist mit bloßem Auge kaum zu erkennen. Die vom Kambium nach außen abgegebenen Zellelemente bilden zusammen mit den Zellen eines Korkkambiums das den Stamm schützende Abschlußgewebe, die tote Borke, die bei den meisten Bäumen im Laufe der Jahre abgestoßen wird.

Bestimmungshilfe zum Auffinden unbekannter Arten

1.	Nadelgehölze	Seite 12
2.	Laubgehölze	Seite 13
2.1.	Laubgehölze windend, kletternd, klimmend	Seite 13
2.2.	Laubgehölze mit Dornen oder Stacheln	Seite 13
2.3.	Laubgehölze mit gegenständigen Blättern, ohne Dornen und Stacheln	Seite 14
2.4.	Laubgehölze mit wechselständigen oder zweizeilig angeordneten Blättern	Seite 15
2.4.1.	Blätter nicht gelappt, tiefgekerbt oder gefiedert	Seite 15
2.4.2.	Blätter wechselständig oder zweizeilig, gelappt, gebuchtet, gefiedert, gefingert	Seite 18

1. Nadelgehölze

1	Blätter alle nadelförmig	2	
–	Blätter häufig schuppenförmig und gegenständig, vor allem an älteren Zweigen oder an Zweigspitzen auch nadelförmig, sehr variabel.	**Sadebaum**	Seite 158
2	Nadeln weich, meist zu vielen aufkopfigen Kurztrieben	**Europäische Lärche**	Seite 22
–	Nadeln derb, einzeln, zu 2 bis 5 oder in einem Quirl zu 3	3	
3	Nadeln zu 2 bis 5 auf Kurztrieben am Grunde von Scheidenblättern umgeben	**Kiefer**	Seite 26 f.
–	Nadeln einzeln ohne Scheidenblätter	4	
4	Nadeln zu 3 in einem Quirl oder wie bei Sadebaum auch schuppenförmig und gegenständig	**Gemeiner Wacholder**	Seite 156
–	Nadeln einzeln, wechselständig	5	
5	Nadeln fast zweireihig angeordnet, flach, weich, mit dunkelgrüner Oberseite	**Eibe**	Seite 38
–	Nadeln gleichmäßig um den Zweig angeordnet, vor allem im Schatten oft zweiseitig gescheitelt	6	
6	Nadeln mit scheibenförmigem Grunde dem Zweig aufsitzend	**Weißtanne**	Seite 20
–	Nadeln ohne scheibenförmigen Blattgrund	7	
7	Nadeln flach, Nadelstiel schräg vom Zweig abstehend, tannenähnlich	**Grüne Douglasie**	Seite 36
–	Nadeln zumindest im Licht vierkantig, auf Blattpolstern stehend, die beim Abfallen der Nadeln am Zweig verbleiben	**Gemeine Fichte**	Seite 24

2. Laubgehölze

2.1. Laubgehölze windend, kletternd, klimmend

–	Blätter meist fünfzählig gefiedert, Zweige gefurcht	**Gemeine Waldrebe**	Seite 118
–	Blätter immergrün, derb, gebuchtet bis gelappt	**Efeu**	Seite 150
–	Blätter ganzrandig, fast sitzend, an Zweigspitzen auch schildförmig verwachsen	**Echtes Geißblatt**	Seite 168

2.2. Laubgehölze mit Dornen oder Stacheln

1	Blättchen an der Basis der Zweige klein und dreizählig, sonst alle in grüne Dornen umgewandelt; die dornenspitzigen Zweige scheinen blattlos	**Stechginster**	Seite 210
–	Blätter deutlich zu sehen	2	
2	Blätter einfach	3	
–	Blätter gebuchtet, gelappt bis gefiedert	9	
3	Blattrand glatt oder fast glatt	4	
–	Blattrand gesägt oder gezähnt	6	
4	Dornen einfach, Blatt kahl	**Gemeiner Bocksdorn**	Seite 176
–	Dornen 3 bis 5, Blattrand gewimpert	**Berberitze**	Seite 116
–	Blatt behaart	5	
5	Blatt klein, Rand gewimpert, Unterseite behaart, Triebe dicht behaart	**Deutscher Ginster**	Seite 142
–	Blatt oberseits verkahlend, unterseits dicht schülfrig durch Sternhaare	**Sanddorn**	Seite 152
6	Blatt kahl bzw. rasch verkahlend	7	
–	Blatt zumindest unterseits behaart	8	
7	Blätter fast gegenständig	**Purgierkreuzdorn**	Seite 182
–	Blätter wechselständig, breit-rundlich, oberseits etwas glänzend	**Wildbirne**	Seite 84

8	Blätter schmal bis elliptisch, meist kürzer als 5 cm	**Schlehe**	Seite 180
–	Blätter länger als 5 cm, rundlich, etwas zugespitzt	**Wildapfel**	Seite 70
–	Blätter länger als 10 cm elliptisch, zugespitzt	**Deutsche Mispel**	Seite 178
9	Blätter gebuchtet oder gelappt	10	
–	Blätter gefiedert	11	
10	Dornen einfach	**Weißdorn**	Seite 128f.
–	Dornen 1 bis 3	**Wilde Stachelbeere**	Seite 188
11	Dornen 1 bis 2, Fiederblätter ganzrandig	**Robinie**	Seite 94
–	Stacheln, Blattrand der Fiederblättchen gesägt	**Wildrosen**	Seite 190

2.3. Laubgehölze mit gegenständigen Blättern ohne Dornen und Stacheln

1	Blätter einfach	2	
–	Blätter gebuchtet oder gelappt	9	
–	Blätter gefiedert oder gefingert	13	
2	Blätter ganzrandig	3	
–	Blätter deutlich gesägt oder gezähnt	8	
3	Blätter behaart	4	
–	Blätter unbehaart oder rasch verkahlend	6	
4	Seitennerven bogig in die Blattspitze verlaufend	5	
–	Seitennerven nicht zur Blattspitze gebogen	**Heckenkirschen**	Seite 168f.
5	Unterseite mit Haarbüscheln in den Nervenwinkeln	**Kornelkirsche**	Seite 120
-	Unterseite ohne Haarbüschel	**Blutroter Hartriegel**	Seite 122
6	Blätter eiförmig-elliptisch	**Schwarze Heckenkirsche**	Seite 170
–	Blätter schmal, lanzettlich	7	
7	Blätter spitzenwärts oft fein gesägt, oft nur undeutlich gegenständig	**Purpurweide**	Seite 196
–	Blätter etwas ledrig	**Rainweide**	Seite 166

14	Blätter länglich-eiförmig, elliptisch	15	
–	Blätter rundlich-eiförmig oder breit-elliptisch	20	
15	Oberseite der Blätter runzelig, 10–15 gerade Seitennerven	**Hainbuche**	Seite 58
–	Oberseite der Blätter ziemlich glatt	16	
16	Blattstiele mit zwei rötlichen Drüsen	17	
–	Blattstiele ohne Drüsen	19	
17	Blattrand doppelt gesägt	**Vogelkirsche**	Seite 62
–	Blattrand fein und einfach gesägt	18	
18	Blätter weich und unterseits heller grün	**Gewöhnliche Traubenkirsche**	Seite 74
–	Blätter ledrig, oberseits etwas glänzend, Mittelnerv unterseits zuerst weiß-, später braunfilzig	**Späte Traubenkirsche**	Seite 76
19	Blätter am Rande schwach gezähnt bis wellig, etwas gewimpert, Blattstiele seidenhaarig	**Rotbuche**	Seite 64
20	Blätter mit stumpfer oder eingekerbter Spitze, klebrig	**Roterle**	Seite 50
–	Blätter zugespitzt, nicht eingekerbt, nicht klebrig	21	
21	Blätter breit-elliptisch bis eiförmig	22	
–	Blätter herzförmig, rundlich bis dreieckig	23	
22	Blätter unterseits graugrün, behaart, nicht klebrig	**Grauerle**	Seite 52
–	Blätter unterseits hellgrün, nur in den Nervenwinkeln kleine Haarbüschel	**Grünerle**	Seite 114
23	Blätter herzförmig bis rundlich	24	
–	Blätter abgerundet dreieckig bis rhombisch, doppelt gesägt, behaart	**Moorbirke**	Seite 56
24	Blätter doppelt gesägt, oft mehrzipflig, besonders Blattstiel mit Drüsenhaaren	**Haselnuß**	Seite 124
–	Blätter einfach gezähnt	25	
25	»Haarbüschel« in den Nervenwinkeln der Blattunterseiten von Sonnenblättern bräunlich	**Winterlinde**	Seite 104
–	»Haarbüschel« weiß bis gelblich	**Sommerlinde**	Seite 106

2.4.2. Blätter wechselständig oder zweizeilig, gelappt, gebuchtet, gefiedert, gefingert

1	Blätter teils gelappt, gebuchtet bis ganzrandig	**Maulbeere**	Seite 72
–	Alle Blätter gelappt oder gebuchtet	2	
–	Blätter gefingert oder gefiedert	9	
2	Blätter drei- bis fünflappig	3	
–	Blätter mehrlappig	5	
3	Blätter dreilappig, klein bis mittelgroß, Blattstiel mit Drüsen	**Alpenjohannisbeere**	Seite 184
–	Blätter fünflappig	4	
4	Blätter unterseits mit gelben Drüsen	**Schwarze Johannisbeere**	Seite 186
–	Blätter unterseits weißfilzig	**Silberpappel**	Seite 78
5	Blätter mit spitzen Lappen	6	
–	Blätter mit stumpfen, gerundeten Lappen	7	
6	Zähne der Lappen in eine Spitze ausgezogen, Blattstiel kahl	**Roteiche**	Seite 92
–	Zähne der Lappen nicht in eine Spitze ausgezogen, Blattstiel behaart	**Elsbeere**	Seite 102
7	Blätter v. a. unterseits flaumig behaart	**Flaumeiche**	Seite 88
–	Blätter fast kahl	8	
8	Blätter am Grund geöhrt, Seitennerven in Buchten und Lappen verlaufend	**Stieleiche**	Seite 90
–	Blätter am Grund meist keilförmig, meist mehr als 6 bis 8 Lappen	**Traubeneiche**	Seite 86
9	Blätter gefiedert	10	
–	Blätter meist dreizählig gefingert	11	
10	Fiederblätter ganzrandig	**Echte Walnuß**	Seite 68
–	Fiederblätter gezähnt bis gesägt	**Eberesche**	Seite 100
11	Blätter an der Zweigbasis dreizählig gefingert, Stengel gefurcht	**Besenginster**	Seite 204
–	Alle Blätter dreizählig, Stengel rundlich, Fiederblätter verkehrt eiförmig	**Schwärzender Geißklee**	Seite 164

Beschreibung der Arten in den Gruppen

Nadelbäume
Seiten 20-39

Laubbäume
Seiten 40-113

Straucharten
Seiten 114-215

Weißtanne, Edeltanne
Abies alba Mill.

Familie: Pinaceae – Kieferngewächse
Name: *Abies* = lat. Gattungsname; *alba* = lat., weiß, hell (Rinde)
Verbreitung und Vorkommen: Die Weißtanne ist ein Baum der Gebirge Südeuropas, der erst spät nach der Eiszeit in Mitteleuropa ankam. Ihre Nordgrenze verläuft etwa von den Vogesen bis zum Thüringer Wald und den Sudeten. Sie ist hier auf kräftigen Böden ein Baum des Berglandes und tritt im östlichen Mitteleuropa auch in das Vorland hinaus. An der Nordgrenze befindet sich die Art schon längere Zeit im Rückgang, teilweise verschwand sie sogar.
Wuchs und Nadeln: Der bis 50 m hohe Baum besitzt jung eine pyramidale Krone, die beim Nachlassen des Höhenwachstums im 60. bis 90. Lebensjahr einen abgeflachten Gipfel hat (Storchennest). Der Stamm ist schlank, walzenförmig, mit heller, oft silberweißer, ziemlich glatter Rinde. Die quirlständigen Äste stehen fast waagrecht ab. Die jungen Zweige mit einer dunkelgrünen Rinde sind leicht grau behaart. Die 2 bis 3 cm langen Nadeln stehen einzeln und sind häufig an der Spitze eingekerbt. Im vollen Licht, besonders an zapfentragenden Zweigen, können sie auch zugespitzt sein. Im Schatten sind die Nadeln scheinbar zweizeilig angeordnet und gerade, im Licht meist etwas gebogen. Die Oberseite der Nadeln ist dunkelgrün, die Unterseite hat zwei silbrige Streifen. Die Nadel sitzt mit einem scheibenförmig verbreitertem Grund dem Zweige auf.
Blüte und Zapfen: Die einhäusigen Blüten erscheinen im Mai. Die ♂ Blüten sind länglich bis eirund, rötlich bis grüngelb auf der Unterseite der jüngsten Triebe. Die ♀ Blüten stehen auf der Oberseite junger Triebe.
Die Zapfen werden 10 bis 17 cm lang und stehen bis zur Samenreife im September aufrecht. Sie bestehen aus kleinen, spitzen Deckschuppen und ledrig-holzigen Samenschuppen. Ab Oktober zerfällt der Zapfen und gibt die geflügelten Samen dem Winde frei. Die Zapfenspindel bleibt noch lange auf den Zweigen stehen.
Bemerkungen: Das Holz ist weiß bis leicht gelblich und ohne Kernfärbung. Es steht im Gebrauchswert der Fichte nur wenig nach. Durch die Kahlschlagwirtschaft wurde die Tanne selten. Sie läßt sich nicht auf Freiflächen anpflanzen, weil sie in der Jugend frostempfindlich ist und stark unter Wildverbiß leidet. In vielen Ländern wurden Schutzbestimmungen erlassen. Die Tanne ist sehr empfindlich gegenüber Luftverunreinigungen; allerdings begann der Rückgang dieser Baumart schon vor der Industrialisierung. In Gegenden, wo die Tanne nie vorkam, wurde auch die Fichte und sogar die Kiefer mit diesem Namen bezeichnet.

Europäische Lärche
Larix decidua Mill. (*L. europaea* DC.)

Familie: Pinaceae – Kieferngewächse
Name: *Larix* = lat. und griech. Gattungsname; *decidere* = lat., herabfallen (Nadeln im Herbst)
Verbreitung und Vorkommen: Die Europäische Lärche besiedelt in den Alpen die Gebirgsstufe im oberen Grenzbereich des Waldes. An der Nordgrenze des Sudentenzuges bei subkontinentalem Klima tritt sie zwischen Oder und Weichsel auch im Hügelland auf. Durch forstlichen Anbau seit etwa 200 Jahren ist sie im Hügelland und in der Ebene überall anzutreffen.
Wuchs und Nadeln: Die Lärche mit spitzer bis kegelförmiger Krone kann 40 bis 50 m hoch werden. Der Stamm verjüngt sich rasch nach oben. Die dünnen Äste stehen unten annähernd waagrecht oder abwärts geneigt, während die oberen Äste meist aufwärts gebogen sind. Die jungen Zweige weisen rutenförmige und hängende Langtriebe und kurze, knopfige Kurztriebe auf. Die Nadeln sind weich und hellgrün; an Langtrieben stehen sie einzeln, auf den Kurztrieben büschelig gehäuft. Sie fallen nach leuchtend hellgelber Verfärbung im Herbst ab.
Blüte und Zapfen: Die Blüten erscheinen Ende April im Hügelland, im Hochgebirge später. Die Staubgefäße stehen in kleinen, kugelig-eiförmigen, hellgrünen, später gelben Blüten, die meist etwas abwärts gekrümmt sind. Die 1 bis 2 cm langen ♀ Blüten bilden eiförmige bis walzliche, rote bis purpurne, seltener auch grüne Zapfen, die aufrecht am Zweig sitzen und an der Basis von einer Nadelrosette umhüllt werden. Die Zapfen reifen im Oktober bis November. Die geflügelten Samen fallen im Frühjahr aus, wobei die alten Zapfen noch viele Jahre am Zweig hängenbleiben.
Bemerkungen: Die Lärche ist als einziger europäischer Nadelbaum winterkahl und durch ein kräftiges Herzwurzelsystem sturmfest. Sie kann über 500 Jahre alt werden. Das sehr dauerhafte, harzreiche Holz mit rotbraunem Kern wurde früher, als chemische Imprägniermittel noch selten waren, viel bei Erd- und Wasserbauten verwendet. Heute dient es als Tischler- und Möbelholz und ist auch für Wandvertäfelungen geeignet. Die Lärche wird als waldbrandbegünstigend bezeichnet. Sie ist nicht sehr rauchhart. Da sie aber im Frühjahr wie die Laubbäume immer mit gesunden Nadeln zu assimilieren beginnt, vermag sie Immissionen längere Zeit gut zu ertragen. Für den Anbau in tieferen Lagen wurden Herkünfte aus den Sudeten und dem polnischen Hügelland bevorzugt. In Wäldern trifft man auch die Japanische Lärche (*Larix kaempferi* Carr.) mit ein- bis zweijährigen, rotbraunen Jungtrieben und blaugrünen Nadeln an, die wegen einiger forstlich günstigen Eigenschaften aus den japanischen Hochgebirgen eingeführt wurde.

Gemeine Fichte
Picea abies (L.) Karsten

Familie: Pinaceae – Kieferngewächse
Name: *Picea* = lat. Bezeichnung eines Nadelbaumes; *abies* = Hinweis auf die Ähnlichkeit zur Tanne
Verbreitung und Vorkommen: Das Hauptverbreitungsgebiet der Fichte sind der Nadelwaldgürtel Nord- und Osteuropas und die Gebirge Mittel- und Südeuropas außerhalb des ozeanischen Klimabereiches. Heute ist sie nach der Kiefer die verbreitetste Forstbaumart Mitteleuropas. Sehr arme und trockene Böden meidet sie. Auf reichen Böden wird die Fichte häufig von Holzkrankheiten befallen.
Wuchs und Nadeln: Die Gemeine Fichte kann als schlanker Baum mit durchgehendem Schaft und pyramidaler Krone über 50 m hoch werden. Sie bildet neben Ökotypen auch morphologisch unterscheidbare Rassen aus. In unteren Lagen herrschen Fichten mit waagrecht abstehenden Ästen und Zweigen vor. Im Bergland hängen die Äste zweiter und dritter Ordnung, in der eigentlichen Fichtenwaldstufe sind die Äste nach unten gerichtet, und die Krone ist walzenförmig (Schutz gegen Schneebruch). Die jungen Zweige haben eine rötlichbraune Rinde. Die Nadeln stehen einzeln auf einem erhabenen Blattkissen, das beim Abfall der Nadel am Zweig verbleibt. Sie sind 1 bis 2 cm lang, meist vierkantig, kurz stachelspitzig, gerade und flach im Schatten oder gebogen im vollen Tageslicht.
Blüte und Zapfen: Die einhäusig verteilten Blüten erscheinen im Mai. Die ♂ Blüten stehen zwischen den Nadeln junger Zweige. Die ♀ Blütenzapfen sind 3 bis 4 cm lang, aufrecht, purpurrot oder grün und stehen an der Spitze vorjähriger Zweige. Die Zapfen werden bis zur Reife 10 bis 15 cm lang und hängen. Nach der Samenreife im Oktober fallen sie im Frühjahr ab.
Bemerkungen: Das weiße, leicht gelbrötliche Holz ohne Kern ist vielseitig verwendbar und ein wichtiger Rohstoff für die chemische Industrie (Kunstseide, Zellstoff). Die Rinde wurde früher zur Ledergerbung benutzt. Das Harz war lange ein wertvoller Rohstoff für Gewerbe und Industrie und wurde als Scharrharz gesammelt. Besonders schöne Zapfen werden in Kranz- und Blumenbindereien verwendet. Fichten sind auch die häufigsten Weihnachtsbäume in der Wohnung und auf den Plätzen der Städte. Die Fichte wurzelt flach und ist daher windwurfgefährdet. Gegenüber Industrieimmissionen ist sie sehr empfindlich. In Rauchschadgebieten kann sie forstlich nur bedingt durch die etwas rauchhärtere Blau- oder Stechfichte (*Picea pungens* Engelm.) ersetzt werden.

Zirbelkiefer, Arve
Pinus cembra L.

Familie: Pinaceae – Kieferngewächse
Name: *Pinus* = lat. Bezeichnung für kiefernähnliche Nadelbäume; *cembro, cirmolo* = ital. Artname
Verbreitung und Vorkommen: Die Zirbelkiefer ist in den Alpen und Karpaten ein Baum des Hochgebirges bis über die Waldgrenze, wo sie 15 bis 20 m hoch werden kann. Außerdem kommt die Art auch im Ural und in Sibirien vor. Sie bevorzugt kräftige Grundgesteine und viel Licht.
Wuchs und Nadeln: Die Zirbelkiefer bildet Bäume mit etwas eiförmiger und tief herabreichender dunkelgrüner Krone. Die jungen Zweige sind dicht rostrot bis gelb behaart. Die Äste stehen waagrecht ab und biegen sich an ihren Enden nach oben. Der Stamm ist stark nach oben verjüngt und hat im Alter eine ausgeprägt quer- und längsrissige Borke. Die Nadeln sind derb und kräftig und stehen zu 5 in einer gemeinsamen Scheide.
Blüte und Zapfen: Im Hochgebirge erscheinen die Blüten im Juni, wobei der Baum mit etwa 60 Jahren mannbar wird. Die kurzgestielten, rundlichen ♂ Blüten stehen zu mehreren an der Basis des neuen Triebes. Die ♀ Blütenzapfen sind meist zu zweien am Ende der neuen Triebe angeordnet. Die jung etwas violett überlaufenen, eiförmigen, etwa 5 bis 8 cm langen Zapfen reifen im zweiten Jahr. Nach der Samenreife fallen sie im Frühjahr des dritten Jahres im Ganzen ab, zerspringen am Boden und geben die bis einen Zentimeter großen Samen frei. Der Kern der Samen ist eßbar, weshalb man auch von Zirbelnüssen spricht. Er enthält bis zu 40 % Öl.
Bemerkungen: Die Zirbelkiefer hat ein sehr langsames Jugendwachstum. Im Hochgebirge ist sie mit 20 Jahren erst etwa 1 m hoch. Sie kann ein Alter von 200 bis 800 Jahren erreichen und fruchtet etwa alle 6 bis 10 Jahre. Das Holz hat einen hellgelben bis rötlichen Splint mit braunem Kern und strömt einen zitronenähnlichen Geruch aus. Es wurde viel zu Drechslerarbeiten, Schnitzereien, Möbeln und Wandvertäfelungen verwendet. Das wertvolle Holz und das Sammeln der Samen haben zu einer Dezimierung des Baumes geführt, seine Vorkommen gehen seit längerer Zeit zurück. In allen natürlichen europäischen Vorkommensgebieten wurden daher strenge Schutzbestimmungen erlassen. Die Zirbelkiefern im Ural und in Sibirien unterscheiden sich im Aussehen von europäischen Vorkommen nur unwesentlich.

Bergkiefer, Latsche, Knieholz, Spirke
Pinus mugo TURRA (*P. montana* MILL.)

Familie: Pinaceae – Kieferngewächse
Name: *Pinus* = lat. Bezeichnung für kiefernähnliche Nadelbäume; *mugo, mughus* = rätoromanischer Name für Bergkiefer
Verbreitung und Vorkommen: Die Bergkiefer ist in den Gebirgen Mittel- und Südeuropas und auf extremen Standorten auch in deren Umgebung verbreitet. Sie kommt an der Baumgrenze im Gebirge, auf Hochmooren und Gesteinschutthalden vor. Im Harz und Thüringer Wald fehlt sie; als Pioniergehölz wird sie auch künstlich angepflanzt.
Wuchs und Nadeln: Die Bergkiefer bildet im Hochgebirge einen niederliegenden, stark verzweigten Stamm mit bogig aufsteigenden Ästen. Meist wächst sie buschartig, seltener als kleiner Baum, vor allem in tiefen Lagen. Die Neigung zu Baumwuchs ist rassenmäßig bedingt. Baumförmige Rassen bzw. Subspezies werden mehr in den westlichen Gebirgen angetroffen, niederliegend bleibende Rassen in den Ostalpen, den Sudeten bis in den Karpatenraum. Baumförmige Individuen bezeichnet man auch als Spirke. Die beiderseits dunkelgrünen Nadeln stehen zu zweien in einer häutigen Scheide, sind 3 bis 8 cm lang, mit stumpfer, nicht stechender Spitze. Sonst sehen sie ähnlich wie die der Waldkiefer aus.
Blüte und Zapfen: Die Blüten erscheinen im Gebirge im Juni bis Juli und sind meist einhäusig verteilt. Die ♂ Blüten bilden 1,5 cm lange, walzliche, deutlich gestielte »Kätzchen«, die gehäuft an der Spitze einjähriger Zweige vorkommen. Die ♀ Blüten stehen meist zu zweien an der Spitze des neuen Zweiges als etwa einen Zentimeter lange, violette Zapfen. Die reifenden, fast sitzenden, rundlich-eiförmigen Zapfen wachsen im ersten Jahr meist aufrecht und sind etwa 1,5 cm lang, im zweiten Jahr stehen sie mit einer Länge von 2 bis 6,5 cm waagrecht ab. Die Zapfenform ist sehr verschieden und ein Merkmal zur Einteilung der vielen Unterarten. Die Samenreife erfolgt im Herbst des zweiten Jahres, der Ausfall der Samen während des Winters.
Bemerkungen: Das Holz mit gelblichem Splint und braunrotem Kern ist sehr dicht, hart, harzreich und dauerhaft. Die jungen Zweige liefern das »Latschenöl«. Die Bergkiefer bildet über der Waldgrenze im Gebirge schwer begehbare Dickichte und stellt daher ein Schutzholz gegen Steinschlag und Lawinen dar. Oft war sie das einzige Brennholz hoch gelegener Almen. Seit längerer Zeit wird die Bergkiefer auch zur Erstaufforstung von Dünen und Bergbauhalden verwendet, da sie etwas rauchhärter als die Waldkiefer ist.

Schwarzkiefer
Pinus nigra Arnold (*P. austriaca* Hoess)

Familie: Pinaceae – Kieferngewächse
Name: *Pinus* = lat. Name für kiefernähnliche Gewächse; *nigra* = lat., schwarz (dunkel); *austriaca* = lat., österreichisch (im Südosten der ehemaligen Donaumonarchie wachsend)
Verbreitung und Vorkommen: Die Schwarzkiefer ist von Südosteuropa und Vorderasien bis Sardinien, Korsika und Spanien verbreitet und zerfällt in mehrere lokale Rassen. Das nördlichste natürliche Vorkommen befindet sich im Wiener Wald. Als Zierbaum und seit etwa 100 Jahren als Forstbaum für extreme Standorte hat sie bis zur Nord- und Ostsee eine weite Verbreitung gefunden. Sie bevorzugt natürlicherweise warme, trockene Standorte.
Wuchs und Nadeln: Die Schwarzkiefer kann 30 m hoch werden und hat eine breitpyramidale bis eiförmige Krone, die im Alter etwas abflacht. Vom durchgehenden Stamm zweigen viele, meist waagrechte Äste ab. Er hat im unteren Teil eine tiefrissige, schwarzgaue Rinde. Die jungen Zweige sind unbehaart und gelblichbraun. Die dunkelgrünen, am Rand fein gesägten Nadeln stehen zu zweien in einer gelbweißen Scheide, werden 7 bis 15 cm lang und haben eine gelbliche Stachelspitze. In der Regel sind sie etwas gebogen und kaum gedreht.
Blüte und Zapfen: Die Blütezeit liegt im Mai bis Juni. Die ♂ Blüten bilden 1 bis 2,5 cm lange, zylindrische, gestielte, lebhaft gelbe und zu mehreren (bis zu 12) gehäufte Blüten. Die ♀ Blüten stehen am Ende diesjähriger Zweige meist paarweise. Die waagrecht abstehenden Zapfen sind länglich-eiförmig, symmetrisch, bis 7 cm lang und sehr kurz gestielt. Sie reifen im Oktober des zweiten Jahres. Der Samenausfall erfolgt im zeitigen Frühjahr des dritten Jahres.
Bemerkungen: Der Splint ist breit und gelblich, das Kernholz gelbrot, ähnlich der Waldkiefer. Die Schwarzkiefer bildet mehrere Rassen, die sich auch ökologisch verschieden verhalten, was vor allem beim forstlichen Anbau außerhalb des natürlichen Verbreitungsgebietes beachtet werden muß. Der Baum wurde in Mitteleuropa vor allem zur Aufforstung von trockenen, kahlen Hängen, Schutthalden und Kippen zunächst bei kalkhaltigem Grundgestein eingeführt. Er hat sich als Pionierbaumart sehr gut bewährt, da er an Vitalität die heimische Waldkiefer übertrifft. Später erwies er sich auch für Sandböden als anbaugeeignet. Da die Schwarzkiefer von Winddeformationen kaum beeinflußt wird, hat sie auch auf Dünen der Küstenschutzwälder Verbreitung gefunden. Das Holz ist sehr harzreich. So wird das Harz von Schwarzkiefernbeständen ähnlich wie bei der Waldkiefer gewonnen. Da die Schwarzkiefer bei warmem Klima rauchhart ist, wird sie in Rauchschadensgebieten ebenfalls häufig angebaut.

Weymouthskiefer, Strobe
Pinus strobus L.

Familie: Pinaceae – Kieferngewächse
Name: *Pinus* = lat. Bezeichnung für kiefernähnliche Nadelbäume; *strobus* = griech. Name für Zirbelkiefer, auch für Zapfen, Kreisel
Verbreitung und Vorkommen: Das ursprüngliche Verbreitungsgebiet ist das östliche Nordamerika. Auf dem Landsitz von Lord Weymouth wurde diese Baumart bereits seit 1705 forstlich untersucht. Sie hat in Mitteleuropa schon lange eine weite Verbreitung in den Forsten gefunden, wo sie mit Erfolg besonders auf ärmeren Böden kultiviert wird.
Wuchs und Nadeln: Die Weymouthskiefer ist in der Jugend raschwüchsig und kann auf guten Böden Höhen bis 40 m erreichen. Sie bildet einen säulenförmigen Stamm mit lange Zeit glattbleibender Rinde. Die jungen Zweige sind dünn und etwas behaart. Die zarten und weichen, 6 bis 12 cm langen Nadeln stehen meist zu 5 in einer kurzen, bräunlichen, bald abfallenden Scheide. Diese Nadelbüschel sind in der Regel pinselartig gehäuft.
Blüte und Zapfen: Die Blüten erscheinen im Mai. Die ♂ Blüten sind klein und blaßgelb, die langgestielten ♀ Zapfenblüten blaugrün und sitzen oft zu mehreren gehäuft neben der Endknospe. Die Zapfen stehen im ersten Jahr aufrecht, im zweiten Jahr werden sie braun, langwalzlich, 12 bis 15 cm lang, etwas gekrümmt und sind häufig mit weißen Harztropfen bedeckt. Der Samen fällt etwa im Oktober des zweiten Jahres aus, während die Zapfen noch länger am Baum hängenbleiben.
Bemerkungen: Das Holz der Weymouthskiefer ähnelt dem der Waldkiefer. Ein dunklerer Kern bildet sich erst an der Luft aus. Es wird auch ähnlich dem Holz der Waldkiefer verwendet, man schätzt es aber weniger. Auf vernässungsfreien Standorten weist der Baum mit seinem kräftigen Wurzelsystem Sturmfestigkeit auf, leidet aber unter Winddeformationen, z. B. in Küstengebieten. Gegenüber Frost, Schneedruck und Trockenheit ist die Weymouthskiefer nicht empfindlich. An die Nährkraft des Bodens stellt sie geringe Ansprüche, so daß sie auch als Pionierbaumart bei Aufforstungen dient. Sie ist weniger empfindlich gegenüber Raucheinwirkungen als die einheimische Waldkiefer. Allerdings befällt die Weymouthskiefer des öfteren eine Pilzkrankheit, der Blasenrost (*Cronartium ribicola*), der durch Johannisbeerarten (*Ribes* spec.) übertragen wird.

Waldkiefer, Kienbaum, Föhre
Pinus sylvestris L.

Familie: Pinaceae – Kieferngewächse
Name: *Pinus* = lat. Bezeichnung für kiefernähnliche Nadelbäume; *sylvestris* = lat., im Wald wildwachsend
Verbreitung und Vorkommen: Die Waldkiefer ist von Europa bis Asien, vom Mittelmeergebiet bis zum Polarkreis verbreitet. In Mitteleuropa meidet sie die ozeanischen Gebiete und kommt als lichtfordernde Baumart auf armen, sandigen, felsig-steinigen und moorigen Böden vor. Nach der Birke war sie die erste Nadelbaumart, die im Anschluß an die Eiszeit Mitteleuropa besiedelte.
Wuchs und Nadeln: Die Waldkiefer wird bis 35 m hoch. Je nach Standort und Rasse hat sie verschiedenes Aussehen. Jung weisen alle Kiefern eine pyramidale Krone auf. Bei Nachlassen des Höhenwachstums flacht im mitteleuropäischen Tiefland die Krone schirmförmig ab, und die Verzweigung wird unregelmäßig. Im Freistand tritt die Kiefer kurzschäftig und starkästig auf. Im Bergland, etwa südlich der Tannengrenze, herrscht die schlankwüchsige Höhenkiefer mit durchgehendem Schaft und schmaler Krone vor, ähnlich den nordischen Kiefernrassen. Die Nadeln sind 3 bis 8 cm lang, zu zweien stehend, zugespitzt, etwas gedreht, gebogen und halbrund in einer Scheide. Die glatte Seite ist graugrün, die runde dunkelgrün.
Blüte und Zapfen: Die Blütezeit liegt im Mai. Die ♂ Blüten stehen gehäuft an der Basis der Maitriebe. Die kleinen, etwas rötlichen ♀ Blütenzapfen sitzen zu zweien an der Spitze der Maitriebe. Die Zapfen sind eiförmig zugespitzt, gestielt und reifen im zweiten Jahr. Der Samen fällt erst im darauffolgenden Frühjahr aus.
Bemerkungen: Das Holz der Waldkiefer hat einen hellen, gelblichen Splint und einen braunen Kern. Es ist industriell und handwerklich vielseitig verwendbar. Ihr Harz kann künstlich am lebenden Stamm gewonnen werden und stellt einen gesuchten Rohstoff für die chemische Industrie dar. Die Waldkiefer ist im Norden Mitteleuropas der verbreitetste Forstbaum. Ihre geringen Ansprüche an den Nährstoffgehalt und die Frische des Bodens, die Raschwüchsigkeit in der Jugend, die leichte Anpflanzbarkeit auf Kahlflächen, auch mit Maschinen, haben ihrem Anbau weite Flächen erschlossen, die früher von Heide oder geringwüchsigen Eichen- und Birkenwäldern bedeckt waren. Die Waldkiefer ist rauchhärter als die Fichte.

Grüne Douglasie, Küstendouglasie
Pseudotsuga menziesii (MIRBEL) FRANCO

Familie: Pinaceae – Kieferngewächse
Name: *Pseudo* = griech., falsch, *tsuga* = jap. Name für Arten aus der Gattung *Tsuga*. David Douglas (1799–1834) beschrieb die Gattung, Archibald Menzies (1754–1842) die Art.
Verbreitung und Vorkommen: Die Heimat der Grünen Douglasie ist das pazifische Küstengebiet Nordamerikas, wo sie in mehreren Unterarten vorkommt. Sie wurde 1828 in Europa eingeführt, und man kultiviert sie heute in West- und Mitteleuropa auf besseren und frischeren Böden verbreitet in den Forsten.
Wuchs und Nadeln: Der Baum kann Höhen von 50 m erreichen und wächst schneller als die Fichte, der er im Aussehen ähnelt. In seiner Heimat kann er fast 100 m hoch werden und einen Umfang von 12 m erreichen. Der Stamm hat an der Basis eine tiefrissige, grobe Borke, ähnlich der Waldkiefer oder Lärche. Die jungen Zweige sind gelblichgrün bis braungrau mit kurzen, zerstreuten Haaren. Die 2 bis 3 cm langen, weichen, stumpfspitzigen und häufig zweizeilig gescheitelten Nadeln stehen einzeln. Die oberseits lebhaft grünen Nadeln mit schwacher Mittelrinne lassen auf der Unterseite, ähnlich wie die Weißtanne, 2 breite, blauweiße Streifen erkennen. Die Nadeln haben beim Reiben einen apfelähnlichen Geruch.
Blüte und Zapfen: Die Blüten erscheinen Anfang Mai. Die ♂ Blütenstände sind 1 bis 2 cm lang und zylindrisch. Die rötlichen bis grünen, 3 cm langen ♀ Zapfenblüten stehen an den Triebspitzen. Die reifen Zapfen werden 6 bis 10 cm lang. Die langen, dreizipfligen, derbhäutigen, hellbraunen Deckschuppen ragen zwischen den ledrigen, braunen Samenschuppen heraus. Reifezeit und Ausfall der Samen sind im Oktober bis November.
Bemerkungen: Das Holz hat einen hellen Splint mit weiten, deutlich abgesetzten Jahresringen und einen braunen Kern. Die Douglasie wurde 1826 in Europa eingeführt und hat vor allem in den letzten 80 Jahren eine verstärkte Ausbreitung durch den Forstmann erfahren, da sie sehr rasch wächst, große Holzmassen erzeugt und durch ihre leicht zersetzliche Streu bodenpfleglich ist. In ihren Standortansprüchen ähnelt sie der Buche und Tanne, geht aber nicht so hoch ins Bergland. Als wertvollste Vertreterin der Bäume Nordamerikas, die bei uns eingeführt wurden, ist sie aber empfindlich gegenüber Industrierauch und leidet unter Wildverbiß. Sie liefert als Nebennutzung ein begehrtes Schmuckreisig.

Eibe
Taxus baccata L.

Familie: Taxaceae – Eibengewächse
Name: *Taxus* = lat. Artname, auch Bezeichnung für andere Nadelbäume; *bacca* = lat., Beere (Fruchtbecher)
Verbreitung und Vorkommen: Die Eibe ist vom Kaukasus bis zu den Azoren verbreitet. In Skandinavien treffen wir sie bis zum 60. Breitengrad an. Die Ostgrenze verläuft von Estland über Rumänien bis zur Krim. In Mitteleuropa besiedelt sie die unteren Lagen der Bergmischwälder und warme Standorte auf reichen Grundgesteinen, die nicht intensiv bewirtschaftet werden.
Wuchs und Nadeln: Im Wald bildet die Eibe 8 bis 10 m hohe, oft mehrstämmige Bäume. In Parkanlagen kann sie auch über 15 m hoch werden. Der Stamm verjüngt sich rasch nach oben und hat eine graubraune, abblätternde Rinde. Die grünen Zweige sind biegsam. Die weichen, 2 bis 3 cm langen, flachen, zugespitzten Nadeln stechen nicht. Sie haben eine tief dunkelgrüne Ober- und eine hellgrüne Unterseite.
Blüte und Samen: Die zweihäusig verteilten Blüten öffnen sich im April. Die ♂ Blüten sind 3 bis 5 mm groß, rundlich und stehen zu mehreren gehäuft auf kurzen Stielen zwischen den Nadeln der Zweigunterseite. Die kleinen unscheinbaren ♀ Blüten ähneln Nadelknospen. Der im Oktober reifende Same mit einem leuchtendroten, fleischigen Samenmantel ist hart und dunkelbraun. Die durch Vögel verbreiteten Samen keimen oft erst nach 5 Jahren.
Bemerkungen: Das braunrote Kernholz besaß früher einen sehr hohen Gebrauchswert. Es ist schwer, engringig, hart, elastisch und sehr dauerhaft. So wurden Bogen und Armbrüste bevorzugt aus Eibenholz gefertigt. Geräte aus diesem Holz finden sich häufig noch gut erhalten in Pfahlbausiedlungen. Ausgangs des Mittelalters war der Baum, dessen Holz exportiert wurde, gegendweise schon ausgerottet. In Polen stand er bereits im 15. Jahrhundert neben Wisent, Wildpferd und Ur unter staatlichem Schutz. Die Eibe besitzt bis ins hohe Alter (~ 500 Jahre) ein sehr hohes Ausschlagsvermögen (Heckenschnitt in französischen Gärten) und vermag nach Entfernung des Hauptstammes aus dem Stock neue Triebe zu bilden. Als extrem langsamwüchsige Art – in 100 Jahren erreicht sie etwa 8 bis 10 m Höhe – ist sie in allen Wirtschaftswäldern vom Aussterben bedroht. Deshalb wurde sie in fast allen europäischen Ländern unter Naturschutz gestellt. Als rauchharte Art hat sich die Eibe allerdings einen Platz auch in den Anlagen der Großstädte erworben. Sie sollte jedoch nicht zur Eingrünung von Kinderspielplätzen verwendet werden; denn mit Ausnahme des roten Samenmantels sind alle ihre Teile sehr giftig. Lediglich Wiederkäuer, z. B. Rehwild, vermögen ohne Schaden Zweige zu äsen.

Feldahorn, Maßholder
Acer campestre L.

Familie: Aceraceae – Ahorngewächse
Name: *Acer* = lat. Gattungsname; *campestre* = lat., auf dem Felde, wildwachsend
Verbreitung und Vorkommen: Der Feldahorn kommt von Kleinasien bis Mitteleuropa vor. Bei uns besiedelt er wärmere Gebiete und meidet bereits das untere Bergland. Lichte, trockene Laubwälder und Hecken sagen ihm besonders zu. Seltener ist er auch in Auwäldern anzutreffen.
Wuchs und Blätter: Die Art bildet kleine, selten über 15 m hohe Bäume oder auch Sträucher in Feldhecken. Sie hat eine graue, netzrissige Rinde und sparrig abstehende Äste, des öfteren mit Korkleisten. Die jungen Zweige sind behaart und führen wie die Blattstiele einen weißen Milchsaft. Die gegenständigen Blätter sitzen auf 3 bis 5 cm langen Stielen und haben 3 bis 5 ihrerseits meist dreilappig unterteilte Lappen. Der Baum ist sehr langsamwüchsig, regeneriert sich aber leicht durch Stockausschlag und Wurzelbrut. Deshalb wird er häufig als Schnitthecke gezogen.
Blüte und Frucht: Die Blütezeit ist Ende Mai bis Juni. Die grüngelben, oft unvollkommen eingeschlechtlichen Blüten stehen in aufrechten, wenigblütigen, traubigen Rispen. Manchmal tritt sogar unvollkommene Zweihäusigkeit auf, wenn auf einem Baum nur voll ausgebildete ♂ oder ♀ Blüten vorkommen. Die Frucht ist geflügelt, wobei sich die beiden Früchte des Fruchtpaares fast waagrecht gegenüberstehen.
Bemerkungen: Das rötlichweiße, etwas glänzende, häufig schön gemaserte Holz wird vorwiegend von Drechslern verarbeitet. In südlichen Ländern ist der Feldahorn eine geschätzte »Laubheupflanze«. Hierzu werden in Buschwäldern Zweige geschnitten, die man grün oder getrocknet an Ziegen und Schafe verfüttert. Der Feldahorn ist ziemlich rauchhart, wenig ammoniakempfindlich und daher als Baum zweiter Größe, der 200 Jahre alt werden kann, für den Flurholzanbau geeignet. Als relativer Spätblüher kann er eine gute Bienenweide sein. Er eignet sich auch als Heckenpflanze.

Eschenblättriger Ahorn
Acer negundo L.

Familie: Aceraceae – Ahorngewächse
Name: *Acer* = lat. Gattungsname; *negundo* = malabarischer Name für eine *Vitex*-Art mit ähnlichen Blättern
Verbreitung und Vorkommen: Das natürliche Verbreitungsgebiet liegt in Nordamerika zwischen Kanada und Mexiko in feuchten Wäldern. Der Baum wurde um 1688 in Europa eingeführt und zunächst in Anlagen gepflanzt (vor allem die bunten Kulturformen mit weißgrünen, weißgelben und gelben Blättern). Später kultivierte man die Art auch forstlich, und heute kann man den Baum fast überall verwildert antreffen, aber im Gegensatz zum natürlichen Verbreitungsgebiet meist an trockenen Hängen, Bahndämmen oder auf Rohböden.
Wuchs und Blätter: Auf günstigen Standorten, vor allem in Parkanlagen, wird der Baum bis 25 m hoch und ist teilweise mehrstämmig. Meist erreicht er, der im Forst den Boden für andere Bäume vorbereiten soll, nur 15 m Höhe und ein Alter bis 100 Jahre. Die jungen Zweige sind in der Regel kahl, grün und mit einem leicht abwischbaren, reifartigen Überzug bedeckt. Die unpaarig gefiederten Blätter sehen mit den 3 bis 7 Fiederblättchen »eschenähnlich« aus. Letztere sind etwas gelappt, ungleich grob gesägt und 5 bis 10 cm lang. Die Seitennerven laufen in die Zähne des Blattrandes aus.
Blüte und Frucht: Die zweihäusig verteilten Blüten erscheinen im April vor den Blättern und werden vom Wind bestäubt. Die ♂ Blütenstände hängen in langgestielten Büscheln und haben keine Blütenblätter. Die ♀ Blüten bilden lange Trauben und besitzen sehr lange Narben. Die Einzelblüten sind wie bei allen windblütigen Arten unscheinbar. Die beiden Flügel der Frucht stehen im spitzen Winkel zueinander und überdecken sich häufig. Die Früchte reifen etwa im Juli.
Bemerkungen: Der Eschenblättrige Ahorn fruchtet jedes Jahr sehr reichlich, vorausgesetzt, daß männliche Bäume in der Nähe stehen. Er nimmt in Mitteleuropa auch mit geringen Böden vorlieb und eignet sich wegen seiner Raschwüchsigkeit in der Jugend zur Aufforstung von Ödland und Kippen oder zur Befestigung von Böschungen. Die Art ist rauchhart, schwer brennbar und daher waldbrandhemmend. Außerdem widersteht sie auch viele Jahrzehnte dem Wind. Forstwirtschaftlich spielt der Eschenblättrige Ahorn keine Rolle. Wertvoll ist er vor allem als Pionierbaum außerhalb des Waldes.

Spitzahorn, Leinbaum
Acer platanoides L.

Familie: Aceraceae – Ahorngewächse
Name: *Acer* = lat. Gattungsname; *platanoides* = griech., platanenähnliche Blätter
Verbreitung und Vorkommen: Der Spitzahorn kommt von Mitteleuropa bis zum Ural, auch auf der Krim und im Kaukasus vor, fehlt dagegen aber bereits in Mittelitalien. Nach Norden reicht er in Skandinavien bis zum 64. Breitengrad . Er ist vorwiegend ein Baum des warmen Hügellandes; im zentraleuropäischen Klima Mitteleuropas kommt er auch im Bergland vor. Außer auf nassen und armen Böden vermag er überall zu gedeihen.
Wuchs und Blätter: Der Baum kann bis 30 m hoch werden mit einem relativ kurzen Schaft, der sich in eine breite Krone aufzweigt. Er hat eine graue, eng netzrissige, nicht abblätternde Rinde. Die Zweige sind ähnlich denjenigen des Bergahorns, junge Äste führen aber Milchsaft. Die gegenständigen Blätter weisen 8 bis 12 cm lange Stiele auf, die jung ebenfalls Milchsaft enthalten. Die dünne, glatte, breite Blattspreite hat 5 bis 7 spitz auslaufende und spitz gezähnte Lappen. Die Blätter glänzen und sind höchstens in den Nervenwinkeln der Unterseite etwas behaart. Im Herbst verfärben sie sich leuchtend gelb, seltener rot
Blüte und Frucht: Die Blüten erscheinen vor Laubausbruch kurz nach Hasel und Weide im März bis April. Sie stehen in aufrechten, ebensträußigen Doldenrispen. Die gelblichen Blüten sind durch Verkümmern von Staub- oder Fruchtblättern oft unvollkommen eingeschlechtlich. Die beiden geflügelten Doppelnüßchen stehen in einem stumpfen Winkel zueinander. Die Fruchtschalen sind im Gegensatz zum Bergahorn innen kahl.
Bemerkungen: Das gelblichweiße Holz wird weniger geschätzt als das des Bergahorns. Die Rinde wurde gelegentlich als Gerberlohe verwendet. In Dänemark fand man aus der Hallstattzeit (etwa 500 v. u. Z.) einen Pflug aus Spitzahornholz.
Der aufsteigende Saft ist im Frühjahr ziemlich zuckerhaltig (bis 4 %). Der Baum wurde vor allem in Mitteleuropa ein verbreiteter Alleebaum. Er ist recht windfest und gegenüber Raucheinwirkungen wenig empfindlich. Als Frühblüher liefert er eine gute und meist auch sichere Bienenweide. Eine Reihe von Zierformen des Baumes werden in Anlagen gepflanzt und können von dort aus verwildern.

Bergahorn
Acer pseudoplatanus L.

Familie: Aceraceae – Ahorngewächse
Name: *Acer* = lat. Gattungsname; *pseudo* = griech., falsch, unecht, *platanus* = platanenähnlich (Rinde und Blätter)
Verbreitung und Vorkommen: Hauptverbreitungsgebiet des Bergahorns sind die Gebirge von den Pyrenäen bis zum Kaukasus und der Mittelgebirgsraum. Hier steigt er höher als die Buche. In der Ebene kommt er in Mitteleuropa bis zur Ostsee vor. Da der Baum spätfrostempfindlich und anfällig gegenüber tiefen Wintertemperaturen ist, liegt seine Ostgrenze im Weichselraum. Er bevorzugt frische und kräftige Böden.
Wuchs und Blätter: Der Bergahorn kann über 30 m hoch werden und bildet mit aufwärts strebenden Starkästen eine breite Krone. Die Rinde des Stammes ist graubraun bis rötlich und blättert ähnlich wie bei der Platane in großen, dünnen Schuppen ab. Die Zweige sind kräftig mit rotbrauner Rinde. Die großen, gegenständigen, fünflappigen, ungleich gekerbten bis gesägten Blätter mit abgerundeten, stumpfen Lappen stehen auf etwa 10 cm langen Stielen. Die dunkelgrüne Oberseite ist rauh und runzelig, die Unterseite matt graugrün, seltener etwas rötlich und in den Nervenwinkeln öfter hellgelb-filzig. Die Blattform führte auch, im Gegensatz zum Spitzahorn, zu der früher häufigeren Bezeichnung »Stumpfahorn«.
Blüte und Frucht: Die gelbgrünen, zuweilen unvollkommen eingeschlechtlichen Blüten erscheinen im Mai bei Laubausbruch, etwa 2 Wochen nach dem Spitzahorn. Sie bilden endständige, hängende Trauben. Die paarweise stehenden beiden Nußfrüchte sind geflügelt, wobei die Flügel einen spitzen Winkel bilden.
Bemerkungen: Das auffallend helle bis weiße, etwas glänzende und harte Holz hat einen hohen Gebrauchswert und wird von Tischlern und Drechslern für Möbel, Parkettböden, Einlegearbeiten und Streichinstrumente verarbeitet. Bereits in den Pfahlbausiedlungen fand man viele Gebrauchsgegenstände aus Bergahornholz. Während der Zeit der Kontinentalsperre in den Napoleonischen Kriegen versuchte man auch in Mitteleuropa, aus dem Saft der Ahorne Zucker zu gewinnen. Die Ausbeute betrug etwa 10 bis 15 l pro Baum bei einem Zuckergehalt des Saftes von 3 bis 4 %. Aus dem Saft einer anderen Art, des Zuckerahorns (*Acer saccharum* MARSH.), wird auch heute noch in Nordamerika Zucker gewonnen und in den Handel gebracht. Der Bergahorn ist nicht sehr rauchempfindlich, und seine Blätter haben ein hohes Staubfangvermögen. Er ist ziemlich windfest mit umfangreichem Wurzelsystem und gegen Bodenbewegungen an Steilhängen widerstandsfähig. Als Alleebaum hat er in kühleren Gebieten weite Verbreitung gefunden. Er wäre auch gut als Bienenweide geeignet, doch fällt seine Blütezeit mit der Obstbaumblüte zusammen.

Gemeine Roßkastanie
Aesculus hippocastanum L.

Familie: Hippocastanaceae – Roßkastaniengewächse
Name: *Aesculus* = lat. Name einer Eiche (oder Kastanie) mit eßbaren Früchten; *hippocastanum* von *hippos* = griech., Pferd, und *kastanos* = griech., Kastanie, sinngemäß Futter für Pferde, nicht für Menschen
Verbreitung und Vorkommen: Die natürliche Heimat liegt vermutlich im warmen Südosteuropa, vor allem in den unteren Gebirgslagen von Albanien und Griechenland. Vor der letzten Eiszeit war der Baum auch in Mitteleuropa heimisch. Erwähnt wird die Art als Zierbaum 1567 in Istanbul, 1588 in Wien und 1616 in Paris. Als Parkbaum fand die Roßkastanie rasche Verbreitung, in Norwegen bis zum 60. Breitengrad. Auch in Wäldern wurde die Art als Wildäsung angepflanzt. Sie bevorzugt kräftige, frische Böden und ist gegenüber Frühfrösten empfindlich.
Wuchs und Blätter: Der Baum hat ein rasches Jugendwachstum und wird früh mannbar. Er erreicht allerdings selten mehr als 20 m Höhe, meist bleibt er kurzschäftig. Der Stamm ist immer nach rechts drehwüchsig. Die dunkelbraune bis graue Rinde blättert in dünnen Schuppen ab. Die jung dicken, bräunlichen Zweige haben auffallend große, fünf- bis neunspurige Blattnarben und klebrige Knospen. Die Blätter stehen gegenständig auf einem langen, rinnigen Stiel und sind mit 5 bis 7 verkehrteiförmigen Fiederblättchen gefingert, deren Grund keilförmig und Rand kerbig gesägt ist mit einem aufgesetzten Spitzchen. Die Blätter sind beim Austreiben bräunlich behaart, später auf der Oberseite dunkelgrün und kahl, unterseits hellgrün mit etwas behaarten Blattadern.
Blüte und Frucht: Die Blüten erscheinen meist nach Laubausbruch Ende Mai bis Juni in großen, aufrechten, traubigen Rispen. Die meist 5 weißen Blumenblätter sind wellig berandet mit einem roten oder gelben Fleck am Grunde. ♂ Blüten herrschen vor neben ♀ und zwittrigen. Die Frucht ist eine runde, meist dreiklappige, stachelige Kapsel mit 1 bis 3 braunen, kugeligen Samen.
Bemerkungen: Das Holz der Roßkastanie hat keinen besonderen Wert. Die Früchte haben als Wildfutter (70 % Stärke, 10 % Zucker) höchstens für Rotwild Bedeutung. Aus den Früchten können aber Heilmittel hergestellt werden. An günstigem Standort ist die Art rauchhart. Wegen der Gefahr für Kastanien sammelnde Kinder sollte der Baum aber nicht mehr an belebten Verkehrsstraßen angepflanzt werden.
Es kommt auch eine rotblühende Roßkastanie vor, deren Früchte keine Stacheln tragen. Dabei handelt es sich um einen Bastard von *Aesculus hippocastanum* L. und *Aesculus pavia* L., einer nordamerikanischen Art.

Schwarzerle, Roterle
Alnus glutinosa (L.) GAERTN.

Familie: Betulaceae – Birkengewächse
Name: *Alnus* = lat. Gattungsname; *glutinosa* = lat., klebrig (Knospen und Blätter)
Verbreitung und Vorkommen: Die Schwarzerle kommt von Europa bis Sibirien vor. In Mitteleuropa ist sie häufig an Flüssen und Bächen sowie auf nassen Böden von Niedermooren über wenig saurem Grundwasser oder auf Naßstellen im Gelände anzutreffen. In den Gebirgen bleibt sie in den unteren Lagen.
Wuchs und Blätter: Der Baum kann bis 30 m hoch werden und hat einen schlanken, durchgehenden Schaft, sowie meist waagrecht abstehende Äste. Die schwarze Rinde ist am unteren Stammteil rissig und löst sich in kleinen Blättchen ab. Junge, einjährige Zweige können klebrig sein, später haben sie weißliche Krustenflecken. Die locker angeordneten rundlichen bis verkehrteiförmigen Blätter mit stumpfer oder eingekerbter Spitze und ungleich gesägtem Rand sind selten leicht gelappt. Ihre graugrüne Unterseite weist in den Aderwinkeln häufig eine rostrote Behaarung auf. Jung fassen sich die Blätter in der Regel etwas klebrig an.
Blüte und Frucht: Die Blütenstände der Schwarzerle werden bereits im Sommer angelegt und öffnen sich im März etwa 3 bis 4 Wochen vor dem Laubausbruch. Die ♂ Blüten stehen an den Zweigspitzen, während etwas weiter zurück am Zweig die ♀ Blütenstände in einem zapfenartigen, gestielten Gebilde folgen, aus dem nur die roten Narben der Einzelblüten herausragen. Die gestielten und locker angeordneten, 1 bis 2 cm großen, zuerst grünen Fruchtzapfen werden zur Reifezeit im Herbst schwarz. Die kaum geflügelten, winzigen Samen beginnen im Dezember, meist aber erst im Februar bis März fortzufliegen. Sie sind gut schwimmfähig.
Bemerkungen: Das Holz der Schwarzerle hat keinen Kern und wird an der Luft gelb bis braunrot (Roterle). Es ist besonders gut für Unterwasserbauten geeignet und wird heute vor allem zur Gewinnung von Zellulose und Spanplatten genutzt. Die Rinde hat einen höheren Gerbstoffgehalt als die Eiche. Mit Hilfe eines Wurzelpilzes (*Actinomyces alni*) vermag die Erle Luftstickstoff zu binden und über die leicht zersetzliche Streu dem Boden zuzuführen. Durch ihr intensives Wurzelwerk, auch in sauerstoffarmem Milieu, kann sie unter die Bachsohlen wachsen und die Ufer schützen. Der Baum ist rauchhart, hat ein hohes Staubfangvermögen und leidet nicht unter Wildverbiß sowie Mäusefraß. Er ist nur wenig salzempfindlich und wird auch in Küstenschutzwäldern angepflanzt. Als bodenfestigende und -verbessernde Baumart hat sich die Schwarzerle in neuerer Zeit auf trockenen Halden und Kippen bewährt. Sie weist ein hohes Stockausschlagsvermögen auf, treibt aber keine Wurzelbrut, die nachfolgende Kulturen behindern würde.

Grauerle, Weißerle
Alnus incana (L.) MOENCH

Familie: Betulaceae – Birkengewächse
Name: *Alnus* = lat. Gattungsname; *incana* = lat., grau (Blattunterseite und Rinde)
Verbreitung und Vorkommen: Die Hauptverbreitung liegt in Nordeuropa bis zum 70. Breitengrad und nach Osten bis Sibirien. Ein weiteres natürliches Vorkommen stellt der Alpen- und Karpatenraum dar, wo die Grauerle bis 1400 m hoch steigen kann. In Mitteleuropa wurde die Art als bodenverbesserndes Pioniergehölz verbreitet.
Wuchs und Blätter: Der Baum erreicht Höhen von 15 bis 20 m und wird selten älter als 60 Jahre. Der häufig krumme Stamm hat eine hellgraue, lange glattbleibende Rinde. Die jungen Zweige sind flaumig behaart. Die Blätter werden 4 bis 10 cm lang, weisen 2 bis 3 cm lange Stiele, eine deutliche Spitze und einen gesägten Rand auf. Die dunkelgrünen Blattoberseiten verkahlen bald, während die graugrüne Unterseite behaart bleibt. Im Gegensatz zur Schwarzerle sind die Blätter und Knospen nicht klebrig.
Blüte und Frucht: Die Grauerle wird etwa mit 10 Jahren mannbar. Die Blüten öffnen sich vor Laubausbruch, oft schon Ende Februar, etwa 2 Wochen vor der Schwarzerle. Die ♂ Kätzchen sind braun und hängen an der Zweigspitze. Dahinter folgen die sehr kurzgestielten ♀ Blütenstände. Die blütentragenden Zweige sind dicht flaumhaarig. Die zuerst grünen Zapfen werden zur Reifezeit schwarz. Sie stehen dicht, meist zu 2 bis 3 beieinander. Die plattgedrückten Samennüßchen haben einen deutlich erkennbaren Rand.
Bemerkungen: Die Grauerle mit hellgelbem Holz ohne Gebrauchswert ist eine in der Jugend raschwüchsige Lichtbaumart, die flach, aber intensiv und weitstreichend wurzelt und dabei eine oft lästig werdende Wurzelbrut bildet. Sie vermag wie die Schwarzerle mit Hilfe eines Strahlenpilzes Luftstickstoff in den Wurzeln zu binden. Ihre Verbreitung durch den Menschen verdankt sie einer Reihe von Eigenschaften als Pioniergehölz. So ist sie frosthart, rauchhart, leidet nicht unter Krankheiten, wird von Wild und Mäusen gemieden, und ihre Blätter haben ein hohes Staubfangvermögen. Sie wurde zur Kultivierung von Kalködland, Bergbauhalden und Dünen eingesetzt. Ihre Verwendung geht aber gegenwärtig zurück, da man sie oft nur schwer wieder beseitigen kann, wenn an ihre Stelle wertvollere Kulturarten treten sollen. Für bodenverbessernde Maßnahmen stehen jetzt geeignetere Gehölze zur Verfügung.

Hängebirke, Sandbirke, Warzenbirke
Betula pendula ROTH. *(B. verrucosa* EHRH.)

Familie: Betulaceae – Birkengewächse
Name: *Betula* = lat. Artname; *pendula* = lat., hängend (Zweige), *verrucosa* = lat., warzig (Rinde junger Zweige)
Verbreitung und Vorkommen: Die Hängebirke kommt von Europa bis Westsibirien vor. In Südeuropa ist sie auf die Gebirge beschränkt und geht in Nordeuropa bis zum 70. Breitengrad. Als lichtliebende Baumart besiedelt sie vorwiegend arme, sowohl feuchte als auch trockene Böden und steigt im Gebirge bis zur Fichtenwaldstufe empor.
Wuchs und Blätter: Der Baum wird 20 bis 25 m hoch mit schlankem Stamm und weißer Rinde, die nur am Stammfuß eine tiefrissige, schwarze Borke bildet. Die Zweige sind dünn, oft lang herabhängend und jung mit klebrigen Drüsen bedeckt, die später zu warzigen, weißen Schuppen eintrocknen. Die 4 bis 6 cm langen Blattspreiten stehen auf meist kahlen Stielen, sind im Umriß dreieckig bis rautenförmig, lang zugespitzt und an den unteren Ecken kaum abgerundet. Der Blattrand ist scharf doppelt gesägt, der Blattgrund meist ganzrandig und keilförmig. Die Blätter der Keimlinge können behaart sein. Da alle einheimischen Birkenarten untereinander bastardieren, gibt es bei den Blättern viele vom Typ abweichende Übergänge.
Blüte und Frucht: Die ♂ Blütenstände werden schon im Herbst angelegt und öffnen sich im April. Sie stehen zu 1 bis 3 an der Spitze von Langtrieben. Die ♀, grünen, aufrecht stehenden Blütenstände sitzen an Kurztrieben und erscheinen erst im Frühjahr. Die Samenreife beginnt im Juli bis August, wobei die deutlich geflügelten Nüßchen vom Wind weggetragen werden, wenn die walzigen Zäpfchen bis zum Winter langsam unter Zurücklassen der Zapfenspindel zerfallen.
Bemerkungen: Das helle, weißliche Holz stärkerer und sehr gut gewachsener Stämme kann zu Möbeln und Furnieren verarbeitet werden. In nordischen Ländern hat die Birke teilweise bis heute noch eine große Bedeutung. Das Holz und die Rinde brennen gut und lassen sich in frischem Zustand verheizen, was in den kühlen nordischen Ländern wichtig ist. Die Rinde diente den Rentiernomaden zur Zeltbedeckung, gelegentlich auch als »Schreibpapier« und wurde zu vielen Gebrauchsgegenständen verwendet. Aus dem Holz kann Birkenteer, aus der Rinde und den Wurzeln Juchtenöl gewonnen werden. Im Frühjahr wird der aufsteigende, zuckerhaltige Saft gewonnen und zu alkoholischen Getränken oder kosmetischen Mitteln verwendet. Das normale Birkenholz nutzt man heute meist als Faserholz. Die rauchharte Hängebirke stellt geringe Ansprüche an Klima und Boden und wird zur Aufforstung von Ödland verwendet. Birken waren die ersten Bäume, die in der Späteiszeit wieder nach Mitteleuropa einwanderten.

Moorbirke, Haarbirke, Ruchbirke
Betula pubescens Ehrh.

Familie: Betulaceae – Birkengewächse
Name: *Betula* = lat. Artname; *pubescens* = lat., flaumhaarig (junge Blätter und Zweige)
Verbreitung und Vorkommen: Die Moorbirke ist in Europa und Asien noch weiter nach Norden verbreitet als die Hängebirke und steigt auch höher in den Gebirgen, wo sie noch außerhalb der Waldgrenze vorkommt. Südlich der Alpen und Karpaten fehlt sie. In Mitteleuropa besiedelt sie vorwiegend sauere Hochmoorgebiete und nasse, schütter bestockte Wälder. Ihre Lichtansprüche sind hoch.
Wuchs und Blätter: Der Baum wird selten höher als 20 m. Sein Stamm hat lange Zeit eine bis zum Stammfuß weißbleibende Rinde. Die Äste sind aufwärts gerichtet und meist besenförmig, die jungen Zweige flaumig behaart und fast drüsenlos. Die jung behaarten Blätter haben 1 bis 2 cm lange Stiele und eine Blattspreite, die derber als bei der Hängebirke, etwa 3 bis 5 cm lang, im Umriß ei- bis rautenförmig, wenig zugespitzt und ungleich doppelt gesägt, nur am Grunde ganzrandig ist. Die dunkelgrüne Blattoberseite verkahlt bald, nur in den Aderwinkeln der Unterseite bleibt die Behaarung erhalten. Vor allem junge Blätter weisen einen aromatischen Duft auf (Ruchbirke).
Blüte und Frucht: Die Blüten der Moorbirke sind denen der Hängebirke ähnlich. Die 3 cm langen ♀ Blütenstände stehen lange Zeit meist aufrecht. Die nur 1 ½mal so breiten Samen wie das Nüßchen besitzen eine Fruchtschuppe mit langen, spitzen Mittellappen und zwei nach vorn gebogene Seitenlappen, während bei der Hängebirke der Mittellappen der Fruchtschuppe breit und kurz ist.
Bemerkungen: Das Holz der Moorbirke ähnelt demjenigen der Hängebirke und wird wie dieses verwendet. Da die Moorbirke noch weiter nach Norden reicht, ist sie für die dort lebenden Menschen ein wichtiger Baum. Alle Teile werden wie bei der Hängebirke genutzt. In Mitteleuropa wird von beiden Birkenarten aus dem aufsteigenden Saftstrom im Frühjahr das Birkenwasser für kosmetische Zwecke gewonnen. Die Blätter dienen als harntreibender, die Nieren nicht reizender Tee. Man kann oft die Hängebirke schwer von der Moorbirke unterscheiden, da sehr häufig Bastarde auftreten. Vor allem im Mittelgebirgsraum kommen auch braun-, gelb- bis rosarindige Birken vor, die vermutlich Einkreuzungen der seltenen Karpatenbirke (*Betula carpatica* W. et K.) darstellen. Da alle Birkenarten auch im grünen Zustand brennbar sind, können sie waldbrandfördernd wirken.

Hainbuche, Weißbuche, Hornbaum
Carpinus betulus L.

Familie: Corylaceae – Haselgewächse
Name: *Carpinus* = lat. Artname; *betulus* = lat., birkenähnlich (Blüten und Blätter)
Verbreitung und Vorkommen: Die Hainbuche ist in Mittel- und Südeuropa verbreitet und kommt nach Osten etwa bis zum Dnepr vor. Das Bergland wird weitgehend gemieden. Sie bevorzugt kräftige, frische bis feuchte Böden und ein warmes Sommerklima.
Wuchs und Blätter: Der Baum wird selten über 20 m hoch, wobei sich der Stamm stark nach oben verjüngt, oft etwas drehwüchsig ist und eine weitverzweigte Krone bildet. Die Stammrinde ist ziemlich glatt, grau, oft rautenförmig gestreift mit dunklen Mittelfeldern. Die dünnen, grauschwarzen bis braunen Zweige sind jung zerstreut behaart. Die zweizeilig angeordneten, jung etwas behaarten, bis 10 cm langen und im Umriß eiförmig zugespitzten Blätter sitzen auf einem kurzen Stiel. Der Blattrand ist scharf doppelt gesägt. Eine bleibende Behaarung tritt nur in den Aderwinkeln der Blattunterseite auf. Die Herbstfärbung kann leuchtend goldgelb sein.
Blüte und Frucht: Die einhäusigen Blüten erscheinen Ende April bis Juni. Die ♂ Blüten hängen an vorjährigen Kurztrieben in lockeren, 3 bis 5 cm langen Kätzchen, während die ♀ Blüten an der Spitze der jungen Zweige meist paarweise in den Achseln grüner, dreilappiger Deckblätter stehen, aus denen die langen, blaßroten Narben herausragen. Die Samen reifen im Oktober, wobei die etwa 5 mm langen Nüßchen mit den dreilappigen, bis 4 cm langen Deckblättern abfallen und häufig erst im zweiten Jahr keimen.
Bemerkungen: Das gelblichweiße (Weißbuche), sehr harte (Hornbaum) und schwere Holz wurde von Drechslern und Wagnern verarbeitet. Die gegenwärtige Verwendung ist gering, es wird überwiegend als Faserholz genutzt. Die in Mitteleuropa frostharte Hainbuche erträgt sowohl das volle Sonnenlicht als auch den Schatten im Wald. Wegen ihres hohen Ausschlagsvermögens kann sie als Schnitthecke dienen. Sie erträgt auch Wildverbiß sehr gut, besitzt eine mittlere Rauchhärte, ein gutes Staubfangvermögen und leidet nicht durch Schädlinge oder Krankheiten. In Flurgehölzen hat sie sich als Unterholz bewährt. Zur Zeit wird sie seltener, da sie ihre Hauptverbreitung in den Mittelwäldern des Tieflandes hatte, die ein halbes Jahrtausend auf besseren Böden das Waldbild Mitteleuropas prägten.

Echte Kastanie
Castanea sativa Mill.

Familie: Fagaceae – Buchengewächse
Name: *Kastanos* = griech. Artname; *sativa* = lat., gesät, als Fruchtbaum angebaute Pflanze
Verbreitung und Vorkommen: Die natürlichen Vorkommen befinden sich rings um das Mittelmeer, also auch in Nordafrika. Von dort wurde der Baum schon von den Römern in die warmen Gegenden Mitteleuropas gebracht, wo er später meist in alten Weinbaugegenden von den Klöstern weiter angebaut wurde. Er bevorzugt kalkarme, lehmige Böden.
Wuchs und Blätter: Die Echte Kastanie bildet, je nach Standort, 10 bis 30 m hohe, meist kurzschäftige Bäume mit weit ausladender Krone. Manchmal ist sie mehrstämmig oder buschartig, da sie leicht aus dem Stock wieder ausschlägt. Die Äste sind ähnlich wie bei der Stieleiche gebogen, die Zweige rundlich, etwas kantig und jung stärker behaart. Die Blätter mit ledrig-derber, etwa 10 bis 20 cm langer und im Umriß länglich-elliptischer Spreite sitzen auf einem drüsigen Stiel. Der Blattrand ist stachelspitzig gesägt, die Unterseite jung filzig behaart. Die Belaubung erfolgt sehr spät im Mai bis Juni, und es tritt eine leuchtendgelbe Herbstfärbung auf.
Blüte und Frucht: Die Blüten können Ende Mai, in Mitteleuropa meist erst bis Ende Juni erscheinen und sind eingeschlechtlich. Die bis 10 cm langen ♂ Ähren mit den unscheinbaren, grünlich-weißen Blüten stehen zunächst aufrecht. Die ♀ Blüten sitzen an den Zweigenden nahe der ♂ Ährenspindel einzeln oder zu 2 bis 3 in einem weichstacheligen Fruchtbecher. Die Früchte reifen in Mitteleuropa Mitte bis Ende Oktober, wobei 2 bis 3 Kastanien in einer langstacheligen, vierklappigen Fruchthülle eingeschlossen sind. Vollentwickelte dunkelbraune, eiförmig zugespitzte Früchte keimen bald nach dem Ausfallen.
Bemerkungen: Die schmackhaften Früchte der Echten Kastanie, auch Maronen genannt, stellen in südlichen Ländern ein beliebtes Volksnahrungsmittel dar, das man auch südlich der Donau und im Rheingebiet auf den Märkten anbietet. Das gerbstoffreiche, harte Holz mit hellbraunem Kern wird von Tischlern und Böttchern verarbeitet. Da das Holz sehr dauerhaft ist, wurde es lange Zeit in Weinbaugebieten zu Rebpfählen genutzt. Als extremer Spätblüher bietet der Baum eine gute Bienenweide. Der früher häufigere Anbau in Wäldern als Wildäsung (Früchte) hat sich nicht bewährt. In warmen Gegenden ist die Art ziemlich rauchhart. Die Vermehrung geschieht in der Praxis durch Stecklinge, um besonders großfrüchtige oder frühreife Sorten rein zu erhalten.

Vogelkirsche, Wildkirsche
Cerasus avium (L.) MOENCH (*Prunus avium* L.)

Familie: Rosaceae – Rosengewächse
Name: *Ceresia* = lat., Kirsche; *avium* = lat., der Vögel, im Sinne von wilde Kirsche
Verbreitung und Vorkommen: Die Vogelkirsche ist von Mitteleuropa bis Asien verbreitet und ein ausgesprochener Baum des warmen Hügellandes. Sie bevorzugt kräftige Böden. Die meisten wilden Kirschen, die im Gelände angetroffen werden, stammen allerdings von Gartenformen, die, von Vögeln verschleppt, sich über mehrere Generationen z. B. an Waldrändern fortpflanzen konnten.
Wuchs und Blätter: In lichten Wäldern können Vogelkirschen bis 25 m hoch werden. Sie haben in der Jugend meist einen geraden Schaft und lange glattbleibende Rinde, die sich später in Streifen quer zum Stamm ablöst. Die Äste stehen sparrig ab und bilden eine breite Krone. Die Zweige sind glänzend braun, kahl mit abschülfernder Korkhaut. Die Blätter sitzen auf 2 bis 4 cm langen Stielen mit 2 bis 4 roten Drüsen und 6 bis 10 cm (15 cm) langen, verkehrt-eiförmigen und zugespitzten, oberseits rauhen, unterseits etwas behaarten Blattspreiten, deren Rand einfach bis doppelt gezähnt ist. Der Baum schlägt vom Stock aus und bildet reichlich Wurzelbrut.
Blüte und Frucht: Die Blüten erscheinen Ende April bis Anfang Mai. Sie stehen zu 2 bis 6 in doldenartigen Büscheln auf blattlosen Kurztrieben. Die roten bis dunkelbraunen, etwa 1 cm langen Früchte haben einen herben Geschmack. Vogelkirschen reifen meist ungleichmäßig im Juli.
Bemerkungen: Das harte Holz mit rötlichweißem Splint und einem gelbbraunen Kern wird von Drechslern und Tischlern vor allem für Möbel verwendet. Das am Stamm gelegentlich ausfließende Harz wurde als Klebstoff benutzt. Aus den Früchten, meist jedoch von Gartenformen, wird »Kirschgeist« gebrannt. Vogelkirschzweige, nach einer Frostperiode am 4. Dezember in eine Vase ins Zimmer gestellt, blühen meist zu Weihnachten auf (Barbarazweige). Die Vogelkirsche kann als Ausgangsform unserer kultivierten Süßkirschen angesehen werden. Bei den Kultursorten unterscheidet man

a) var. *juliana* L.: Herzkirschen, Frucht weichfleischig, meist dunkelbraun;
b) var. *duracinia* L.: Knorpelkirschen, Frucht hartfleischig, meist gelb oder rot.

An günstigen Standorten ist die Kirsche rauchhart und leidet in Feldgehölzen nicht unter Wildverbiß. Sie stellt eine wichtige Bienenweide dar. Allerdings dienen Wildkirschen auch als Überträger der sogenannten Kirschmade.

Rotbuche
Fagus sylvatica L.

Familie: Fagaceae – Buchengewächse
Name: *Fagus* = lat. Artname, vielleicht von *phagein* = griech., essen (Früchte); *sylvatica* = lat., im Walde wachsend
Verbreitung und Vorkommen: Die Rotbuche ist von den südeuropäischen Gebirgen bis Südskandinavien verbreitet. Sie zeigt eine deutliche Bindung an das ozeanische oder kühlfeuchte Berglandklima und kommt in der Ebene zwischen Oder und Weichsel nicht vor. Früher war sie auf allen kräftigen Böden die verbreitetste Laubbaumart Mitteleuropas. Sie wird auch heute noch auf größeren Flächen in Reinbeständen angebaut.
Wuchs und Blätter: Die Rotbuche kann 30 bis 50 m hoch werden. Sie besitzt einen walzenförmigen Stamm mit heller, silbergrauer, glatter Rinde und schräg nach oben gerichteten Ästen. Die Zweige sind jung leicht seidig behaart. Die Blätter sitzen auf kurzen Stielen, haben eine 4 bis 10 cm lange, eiförmige, zugespitzte Spreite, die beiderseits 5 bis 9 Seitennerven aufweist und deren Blattrand fast glatt, leicht wellig gebuchtet, selten an der Spitze etwas undeutlich gezähnt ist. Die glänzend dunkelgrüne Blattoberseite weist in ganz jungem Zustand wenige seidige Haare auf. Eine gelegentlich natürlich vorkommende Form mit roten Blättern wird als Blutbuche in Parkanlagen schon seit langem kultiviert.
Blüte und Frucht: Die Blüten erscheinen Ende April bis Mai. Die ♂ Blüten sind unscheinbar und hängen in grünbraunen Büscheln an bis 5 cm langen Stielen an der Basis der jungen Triebe. Die ♀ Blüten stehen auf kurzen, aufrechten Stielen am jungen Zweigende. Sie sitzen zu zweit in einem stacheligen Fruchtbecher, aus dem nur die rotgelben Narben herausragen. Die Bucheckern sind braune, dreikantige Nüßchen, die bis zur Reife im September in einem braunen, stacheligen, vierklappigen Fruchtbecher eingeschlossen bleiben.
Bemerkungen: Das helle Holz der Rotbuche wird trocken rötlichweiß (Rotbuche) und hat keinen Kern. Es war lange Zeit vorwiegend ein sehr geschätztes Brennholz, bis durch verbesserte Holzbearbeitungsmethoden eine vielfältigere Verwendung zu Zellulose, Parkettböden, Möbeln u. a. möglich wurde. Früher gewann man aus Buchenholz auch Holzkohle zur Eisenverhüttung und Pottasche zur Glasherstellung. Aus den Bucheckern läßt sich gutes Speiseöl herstellen. Die Rotbuche weist eine mittlere Rauchhärte auf. Ihr für die Erzeugung der Biomasse relativ günstiger Wasserverbrauch und die Zuführung von Niederschlagswasser zum Boden durch hohen Stammablauf sichern ihr einen Platz auch in Wassereinzugsgebieten. Normalerweise kann die Rotbuche nicht auf Freiflächen angepflanzt werden, da sie frostempfindlich und verbißgefährdet ist. Ihre nicht leichte Nachzucht erfolgt unter dem Schirm eines Vorbestandes.

Gemeine Esche
Fraxinus excelsior L.

Familie: Oleaceae – Ölbaumgewächse
Name: *Fraxinus* = lat. Name für Eschen; *excelsior* = lat., höher (als andere Eschenarten)
Verbreitung und Vorkommen: Die Esche ist in Süd- und Mitteleuropa verbreitet. Ihre Nordgrenze liegt in England, Südskandinavien bis Leningrad. Nach Osten reicht sie bis zur Wolga und Kleinasien. Der Baum bevorzugt kräftige, frischfeuchte Böden und kommt an Ufern von Flüssen und Bächen häufig vor. Auf Kalkböden kann sie auch an trockenen Stellen wachsen.
Wuchs und Blätter: Die Esche wird bis 40 m hoch. Bei Bäumen im Wald reicht ihr Schaft bis in die Krone. Die hellgraue Rinde bleibt lange glatt, wird aber später dunkel und rautenförmig rissig. Die olivgrauen Zweige sind etwas zusammengedrückt. Die unpaarig gefiederten Blätter haben eine Länge bis 25 cm. Die beiderseits 6 bis 12, etwa 10 cm langen, lanzettlich zugespitzten Fiederblättchen mit scharf gesägtem Rand sitzen fast an der Blattspindel. Die Mittelrippe kann unterseits etwas behaart sein.
Blüte und Frucht: Die Blüten der Esche erscheinen kurz vor Laubausbruch Ende April bis Mai. Sie werden durch den Wind bestäubt und stehen in Rispenbüscheln am Ende von Zweigen gehäuft. Die unscheinbaren Einzelblüten, oft ohne Kelch- oder Blumenblätter, können zwittrig oder eingeschlechtlich sein, manchmal ist auch das andere Geschlecht zurückgebildet. In seltenen Fällen kommen auch fast eingeschlechtliche Bäume vor. Die einsamigen, geflügelten Nußfrüchte hängen in dichten Rispenbüscheln, reifen ab August bis Oktober und fallen im Winter ab.
Bemerkungen: Das Holz der Esche weist einen breiten, gelblichen Splint und einen hellbraunen Kern auf. Es besitzt einen hohen Gebrauchswert und wird von Tischlern, Drechslern und Wagnern verarbeitet. Viele Geräteteile, wie Deichseln, Radspeichen, Stiele, auch Turngeräte, Maschinenteile, Innenausstattungen von Fahrzeugen, wurden aus dem zähen und biegsamen Holz der Esche angefertigt. Sie ist sehr spätfrostempfindlich, treibt aber bald wieder aus. Wegen ihres dichten Wurzelfilzes vermag sie, ähnlich der Schwarzerle, an Fließgewässern die Ufer zu stabilisieren. Der Baum ist nicht rauchempfindlich, ziemlich sturmfest und leidet wenig unter Mäusefraß. Deshalb hat er sich in Flurgehölzen und als Alleebaum an Straßen bewährt. Bei den Germanen war die Esche ein heiliger Baum (Weltesche Ygdrasil).

Echte Walnuß, Welschnuß
Juglans regia L.

Familie: Juglandaceae – Walnußgewächse
Name: *Juglans* = lat., zusammengezogen aus *Jovis glans* = Eichel des Jupiter; *regia* = lat., königlich
Verbreitung und Vorkommen: Ursprünglich könnte die Walnuß in Bosnien und Griechenland vorgekommen sein. Ihr Hauptverbreitungsgebiet liegt in Kleinasien bis zum Himalaja. Während des Römerreiches kam der Baum ins Rheingebiet und wurde später durch Kaiser Karl den Großen zum Anbau empfohlen. Er wird heute in Gärten, Anlagen und an Feldrändern warmer Gebiete auf kräftigen Böden angetroffen, benötigt aber viel Licht und ist sehr frostempfindlich. Er leidet stark in strengen Wintern.
Wuchs und Blätter: Der Baum wird 15 bis 20 m hoch, hat einen kurzen Stamm mit weit ausladenden Ästen und eine breite, lockere Krone. Die hellgraue Rinde bleibt lange Zeit glatt, wird aber bei alten Exemplaren – die Art kann ein Alter über 400 Jahre erreichen – tief längsrissig. Die dicken, olivgrünen bis braunen Zweige besitzen ein auffallendes grünbraunes, gefächertes Mark. Die unpaarig gefiederten Blätter mit 5 bis 9 fast sitzenden, länglich-elliptischen, meist ganzrandigen Fiederblättchen können 20 bis 30 cm lang werden. Sie weisen einen herben, aromatischen Duft auf.
Blüte und Frucht: Die Walnuß wird mit 20 bis 30 Jahren mannbar und blüht im Mai. Die grünlichen, dickwalzlichen, 6 bis 10 cm langen ♂ Kätzchenblüten erscheinen bereits im Herbst und hängen an den vorjährigen Trieben. Die endständig an den neuen Trieben zu 2 bis 5 zusammenstehenden, unscheinbaren ♀ Blüten besitzen 2 große, fleischige, zurückgekrümmte Narben. Die grünen, kugeligen, glattschaligen, etwa 5 cm großen Früchte reifen im September bis Oktober. Sie sind hellbraun, holzig, stark gefurcht und enthalten einen Kern, der zum größten Teil aus den 2 großen Keimblättern besteht.
Bemerkungen: Das harte Holz mit einem hellen Splint und einem dunklen, meist braunen Kern ist oft schön gemasert. Es wird von Tischlern, Drechslern und Schnitzern gesucht, als Furnierholz auch von der Möbelindustrie. Der Samenertrag ist in Mitteleuropa unregelmäßig. Grüne, unreife Früchte werden für Nußlikör verarbeitet. Die Kerne der Früchte sind sehr ölhaltig. Ihre grüne Hülle enthält einen intensiv braunen Saft, der früher zum Färben von Holz und Wolle verwendet wurde.
Es gibt von der Echten Walnuß mehrere Varietäten, z. B. die weichschalige, große »Pferdenuß« und die hartschalige kleinere »Kriebelnuß«. Der deutsche Name Walnuß kommt von Walen oder Welschen = Nuß der Italiener. Die Blätter sind offizinell. Trockenes Laub dient vielfach noch als Einstreu, um Insekten, z. B. in Hundehütten, zu vertreiben. Da die Echte Walnuß kein Waldbaum ist, wird in warmen Gebieten im Forst die Schwarze Walnuß (*Juglans nigra* L.) aus Nordamerika angepflanzt. Sie hat ebenfalls ein wertvolles Holz, doch sind ihre schwarzen Nußfrüchte kaum genießbar.

Wildapfel, Holzapfel
Malus sylvestris (L.) Mill.

Familie: Rosaceae – Rosengewächse
Name: *Malus* = lat., Apfel; *sylvestris* = lat., im Walde, wild wachsend
Verbreitung und Vorkommen: Die Art gedeiht in Süd- und Mitteleuropa in warmen, lichten Laubmischwäldern auf kräftigen Böden. Echte Wildäpfel sind sehr selten, meist handelt es sich in Mitteleuropa um verwilderte Kultursorten.
Wuchs und Blätter: Der Wildapfel wird kaum über 8 m hoch. Der kurze Schaft verzweigt sich in eine weit ausladende, sparrige Krone. Die Zweige sind dornspitzig und jung behaart. Bei verwilderten Kultursorten fehlen oft die Dornen. Die Blätter sitzen auf einem kurzen, meist behaarten Stiel, sind 3 bis 7 cm lang, breit-eiförmig oder elliptisch, kurz zugespitzt mit gekerbtem bis schwach gesägtem Blattrand. Ihre Spreite ist oberseits runzelig und kahl, unterseits jung behaart. Je nach Jahreszeit sowie bei verwilderten Kultursorten kann die Behaarung auch fehlen.
Blüte und Frucht: Die Blüten erscheinen im Mai zu 3 bis 6 aufrecht an den Enden von Kurztrieben. Die vorherrschend weißen Blütenblätter sind außen mehr oder weniger rot überlaufen. Wildäpfel weisen im Gegensatz zu den Wildbirnen gelbe, nicht rote Staubbeutel auf. Die ungenießbaren Früchte des Wildapfels sind klein, etwa 3 bis 5 cm im Durchmesser, kugelig bis eiförmig, grüngelb, manchmal etwas rötlich und kurz gestielt. Der Stiel ist immer grubig in den Apfel eingesenkt, im Gegensatz zu kugeligen Wildbirnenfrüchten.
Bemerkungen: Das Holz des Wildapfelbaumes weist einen rötlich-weißen Splint und einen hellen, rotbraunen Kern auf. Es wurde ähnlich dem der Wildbirne verarbeitet, war aber nicht so hoch geschätzt wie dieses. Reste von Wildäpfeln fand man schon in den Pfahlbausiedlungen. Ein vom Baum fallender Apfel soll den englischen Physiker Newton (1643–1737) auf das Gesetz von der Erdanziehung und damit der Schwerkraft gebracht haben. Wilde Apfelbäume werden gelegentlich als Wildäsung in Wäldern angepflanzt, wobei es sich meist um unveredelte Bäume von Kulturäpfeln handelt. Echte Wildäpfel sind wegen ihrer Seltenheit schutzwürdig.

Weiße Maulbeere
Morus alba L.

Familie: Moraceae – Maulbeergewächse
Name: *Morus* = lat. Name für Schwarze Maulbeere, auch Brombeere; *alba* = lat., weiß (Frucht)
Verbreitung und Vorkommen: Die Heimat der Weißen Maulbeere ist Indien und Zentralasien, wo die Art seit Jahrtausenden kultiviert wird. Im 10. bis 11. Jahrhundert taucht die Art als Kulturpflanze in Südeuropa auf und wird 1392 erstmals für Deutschland erwähnt. Heute pflanzt man sie meist in Hecken als Futter für Seidenraupen an, und verwildert ist sie gelegentlich um Siedlungen zu finden. Sie liebt warme, spätfrostfreie Standorte mit guten, frischen, lockeren Böden.
Wuchs und Blätter: Die langsamwüchsige Art kann ein kleiner Baum werden, ist aber meist als Busch anzutreffen, der reichlich Stockausschläge treibt. Die meist kahlen Zweige führen im Frühjahr Milchsaft. Die Blätter sind wechselständig angeordnet und vielgestaltig, meist breit-eiförmig, einfach oder drei- bis fünflappig mit ungleichem, herzförmigem Grund und gesägtem Rand. Ihre oberseits glänzend grüne, auf der Unterseite hellgrüne und verstreut, vor allem in den Nervenwinkeln behaarte Blattspreite, steht auf einem rinnigen, flaumig behaarten Blattstiel.
Blüte und Frucht: Die einhäusig, selten auch zweihäusig verteilten Blüten erscheinen im Mai. Die ♂ Blütenstände sind eiförmig-länglich bis walzlich und gestielt. Die ♀ eiförmigen Blütenstände werden 1 bis 2 cm lang. Aus ihnen entsteht durch Zusammenwachsen vieler Einzelbeeren eine Scheinbeere, die meist weißlich, seltener rötlich oder bei Gartenformen auch rot ist. Die Reifezeit der eßbaren, aber nicht wohlschmeckenden Beeren liegt meist Ende Juni.
Bemerkungen: Das feste und zähe Holz der Weißen Maulbeere ist gelb mit braunem Kern und wird zu Drechslerarbeiten verwendet. Die leicht durch Stecklinge zu vermehrende Art verdankt der Seidenraupenzucht ihre Einführung in Europa, denn etwa gleichzeitig mit dem Erscheinen der Blätter schlüpfen auch die Raupen des Seidenspinners, die sich erfolgreich nur mit diesen ernähren lassen.
Die Schwarze Maulbeere (*Morus nigra* L.) wird wegen der eßbaren Früchte im südlichen Europa angebaut. Sie verlangt hohe Sommerwärme. Ihre Blätter sind oberseits durch stachelige Haare rauh.

Gewöhnliche Traubenkirsche
Padus avium L. (*Prunus padus* L.)

Familie: Rosaceae – Rosengewächse
Name: *Pados* = griech. Baumname einer uns unbekannten Art; *avium* = lat., (Kirsche) der Vögel, wildwachsend
Verbreitung und Vorkommen: Die Gewöhnliche Traubenkirsche kommt von Europa bis Sibirien vor. Im Norden ist sie bis Mittelschweden anzutreffen. In Mitteleuropa besiedelt sie vor allem Auwälder, Bachläufe und nährstoffreichere Flachmoore.
Wuchs und Blätter: Der kleine bis mittelgroße Baum wird selten 15 m hoch. Oft ist die Art ein aus Stockausschlägen entstandener kräftiger Strauch. Die Zweige sind jung etwas behaart, braunrot bis grün und leicht glänzend. Die Rinde riecht intensiv nach Bittermandelöl. Die Blätter sitzen auf einem 1 bis 2 cm langen Stiel, der meist 2 grünliche Drüsen besitzt. Die Blattspreite ist 6 bis 12 cm lang, eiförmig bis lanzettlich, zugespitzt und einfach bis doppelt gesägt. Die dunkelgrüne und rauhe Oberseite hebt sich von der blaßgrünen bis bläulich bereiften Unterseite ab, häufig treten gelbe Haarbüschel in den Nervenwinkeln auf. Die Sägezähnchen der Blattspitze haben rotbraune, leicht abfallende Drüsen.
Blüte und Frucht: Die weißen, von Ende April bis Mai erscheinenden, stark duftenden Blüten stehen in langgestielten, reichblütigen, überhängenden Trauben. Die Früchte sind schwarzglänzend, etwa erbsengroß, bittersüß, ungenießbar, aber nicht giftig. Der Kern ist netzgrubig gefurcht.
Bemerkungen: Das Holz hat einen gelblichen Splint mit braungelbem Kern. Es ist brennfähig, aber ohne besonderen Gebrauchswert. Die Kerne der Traubenkirsche hat man ziemlich häufig in Pfahlbausiedlungen gefunden, was auf die Verwendung der Früchte in damaliger Zeit schließen läßt. Die wind- und rauchharte Traubenkirsche leidet nicht unter Wildverbiß und eignet sich als Spätblüher für den Flurholzanbau in Ackergebieten. Als Schädling kann sie die Haferblattlaus beherbergen. Gelegentlich wurde sie in borealen Gebieten als Pfropfunterlage für Kirschenarten verwendet. Blätter und Zweige sollen für Rinder schädlich sein, weshalb man sie an Weideflächen nicht anpflanzen darf.

Späte Traubenkirsche
Padus serotina (EHRH.) BORKH.

Familie: Rosaceae – Rosengewächse
Name: *Padus* von *pados* = griech. Name einer uns unbekannten Art; *serotina* = lat., spät (blühend)
Verbreitung und Vorkommen: Das natürliche Verbreitungsgebiet der Art liegt in den USA. In Europa wurde sie um 1629 kurz nach der Robinie zunächst als Zierpflanze eingeführt. Die später an sie geknüpften forstlichen Erwartungen haben sich in Europa nicht erfüllt. Heute kann man sie öfter verwildert antreffen.
Wuchs und Blätter: In ihrer nordamerikanischen Heimat bildet die Pflanze bis 30 m hohe Bäume, bleibt aber auf armen Böden auch strauchartig. In Mitteleuropa kommt die Späte Traubenkirsche als 5 bis 10 m hoher Baum oder Strauch vor. Ihre dünnen und kahlen Zweige sind jung olivgrün, später braun bis schwarz. Die recht variablen, meist bis 8 cm langen und 4 cm breiten Blätter haben einen elliptischen bis zugespitzten Umriß. Der Blattrand weist drüsige Sägezähne auf. Die ledrig-derben, oberseits dunkelgrünen, unterseits am Mittelnerv rotbraun behaarten Blätter zeigen eine auffallend gelbe Herbstfärbung.
Blüte und Frucht: Die Blüten erscheinen im Mai bis Juni, etwa eine Woche später als die der Gewöhnlichen Traubenkirsche und stehen in dichtgedrängten, etwa 14 cm langen, walzlichen Trauben zusammen. Die kleine Einzelblüte ist weiß bis etwas gelblich. Die dunkelpurpurnen bis schwarzen Früchte werden etwa erbsengroß.
Bemerkungen: Nachdem in Nordamerika die Holzvorräte der Urwälder erschöpft waren, hat man die Traubenkirsche ihres wertvollen Holzes wegen forstlich mit Erfolg angepflanzt. Dies war Anlaß, den Baum auch in Mitteleuropa zu kultivieren, um von Importen unabhängig zu werden. Der Erfolg blieb aber aus. Heute wird die anspruchslose Art als Unterholz in Flurgehölzen, als Windschutzhecke in Küstengebieten und zur Begrünung von Kippen angepflanzt. Sie ist außerdem im Hügelland recht rauchhart, und man kann sie auch an immissionsgefährdeten Waldrändern anbauen. Sie wird vom Wild nicht verbissen. Wegen der Unverträglichkeit vor allem des alten Laubes für Haustiere sollte sie aber nicht an Viehweiden angepflanzt werden. Es gibt verschiedene gärtnerische Formen, die ebenfalls verwildern können.

Silberpappel
Populus alba L.

Familie: Salicaceae – Weidengewächse
Name: *Populus* = lat. Gattungsname; *alba* = lat., weiß, hell (Blattunterseite)
Verbreitung und Vorkommen: Die Silberpappel kommt im südlichen und östlichen Mitteleuropa bis Zentralasien sowie in Nordafrika vor. Natürliche Vorkommen bestehen in Mitteleuropa vermutlich nur im Donaugebiet in den großen Flußauen. Die Art wird schon länger auch weiter nördlich als Park- und Waldbaum auf kräftigen Böden angepflanzt.
Wuchs und Blätter: Der Baum erreicht Höhen bis 35 m und hat einen geraden, hellgrauen Stamm mit lange glattbleibender Rinde. Die jungen Zweige sind graufilzig behaart mit zuerst grüner, später olivbrauner Rinde. Die 4 bis 8 cm lange und 3 bis 6 cm breite Blattspreite ist buchtig drei- bis fünflappig mit einem stumpfzähnigen Rand. Die dunkelgrüne Blattoberseite ist jung etwas behaart. Auf der Unterseite bleibt die weißfilzige Behaarung erhalten.
Blüte und Frucht: Die zweihäusig verteilten Blüten erscheinen im März bis April vor Laubausbruch. Die hängenden ♂ Kätzchen sind 3 bis 7 cm lang und besitzen karminrote Staubbeutel. Die ebenfalls hängenden ♀ Kätzchen mit hellgrünen Narben werden 3 bis 6 cm lang. Die Kätzchenschuppen sind schwach gewimpert. Die Früchte bilden 4 bis 8 cm lange, ährenförmige, in die weißwolligen Haarschöpfe der Samen eingehüllte Fruchtstände. Die Samen können sehr weit fliegen.
Bemerkungen: Das weiße Splintholz der Silberpappel mit gelbrötlichem bis braunem Kern wird heute vorrangig zur Zellulosegewinnung verwendet. Das Holz ist sehr leicht und weich und wurde von Tischlern verarbeitet. Die Art gehört zu den schnellwüchsigen Bäumen und bringt auf ihr zusagenden Standorten in den ersten 30 Jahren bis 1 m lange Jahrestriebe hervor. Sie erträgt kurzzeitige Überschwemmungen, vermag aber auch auf trockeneren Böden zu wachsen. Wegen der starken Wurzelbrut kann sie beim Flurholzanbau auf den Feldflächen lästig werden. Sie ist wenig rauchempfindlich und hat von allen Pappelarten das höchste Staubfangvermögen. Wie bei allen Pappeln gibt es viele Formen und Bastarde, die z.T. forstlich kultiviert werden.

Schwarzpappel
Populus nigra L.

Familie: Salicaceae – Weidengewächse
Name: *Populus* = lat. Gattungsname für Pappelarten; *nigra* = lat., schwarz, dunkel
Verbreitung und Vorkommen: Die Heimat der Schwarzpappel sind sommerwarme Gebiete Europas und Asiens, vereinzelt kommt sie auch in Nordafrika vor. Natürlicherweise ist sie in Auwäldern und an Bachläufen anzutreffen. Die Art wird schon seit vielen Jahrhunderten kultiviert, da sie sich leicht durch Stecklinge vermehren läßt.
Wuchs und Blätter: Die Schwarzpappel kann in 30 bis 40 Jahren über 30 m hoch werden. Jüngere Bäume haben einen durchgehenden Schaft, im Alter entwickelt sich außerhalb des Waldes eine weit ausladende Krone. Der Stamm hat am Grund eine tiefrissige, schwarze Borke, die Äste weisen eine sehr helle Rinde auf. Die Blätter sind rautenförmig bis dreieckig, kahl, am Rande knorpelig gesägt mit einem durchsichtigen Randsaum. Eine bekannte Wuchsform stellt die aus Italien stammende Pyramidenpappel (*Populus nigra* ›Italica‹) dar, die seit 1740 bei uns als sturmfester Alleebaum mit intensiver Bewurzelung an Straßen angepflanzt wurde.
Blüte und Frucht: Die zweihäusig verteilten Blüten erscheinen im April. Die ♂ Blütenkätzchen haben auffallend rote Staubbeutel, die ♀ Blütenkätzchen sind grün. Aus ihnen entwickeln sich im Juni die dicht weißwollig eingehüllten Früchte. Die Samen können mit dieser Wolle sehr weit durch den Wind verbreitet werden. Für Anpflanzungen werden fast ausschließlich ♂ Individuen benutzt, da diese rascher wachsen.
Bemerkungen: Das Holz verwendet man vorzugsweise zur Zellulosegewinnung und in der Möbelindustrie. Schwarzpappeln lassen sich auch mit anderen Pappelarten kreuzen und sind zur Stecklingsvermehrung sehr gut geeignet. Die Züchtung hat sich eingehend mit dieser Art und ihren Kreuzungsprodukten befaßt. Die meisten Pappeln, die wir in der Landschaft antreffen, stellen keine echten Schwarzpappeln dar, sondern künstlich vermehrte Formen, für deren Bestimmung Spezialkenntnisse nötig sind. Die meisten Sorten sind rauchhart, wenig empfindlich gegenüber Ammoniakgasen, gut geeignet bei der Aufforstung von Ödland, zur Uferbefestigung und Eingrünung von Siedlungen. Sie sind auch die wichtigsten Bäume beim Flurholzanbau. Die für benachbarte Ackerflächen lästige Wurzelbrutbildung entlang der Flurholzstreifen ist nicht sehr stark ausgeprägt.

Zitterpappel, Aspe, Espe
Populus tremula L.

Familie: Salicaceae – Weidengewächse
Name: *Populus* = lat. Gattungsname für Pappelarten; *tremula* = lat., zittrig
Verbreitung und Vorkommen: Die Zitterpappel kommt von Europa bis Sibirien vor und erreicht in Skandinavien den Polarkreis. Von allen heimischen Pappelarten stellt sie die geringsten Ansprüche an Boden und Klima und reicht im Gebirge bis zur Fichtenwaldstufe. Im Nordosten Europas kann sie mit der Birke schlankwüchsige Reinbestände bilden.
Wuchs und Blätter: Die Zitterpappel wird 20 m, selten bis 30 m hoch mit einem bis in die Krone durchgehenden Schaft, der eine glatte, hellolivgrüne Rinde aufweist. Die glänzend hellbraunen Zweige sind jung etwas behaart. Die Blätter sitzen an auffallend langen Stielen, so daß sie sich bei jedem Luftzug bewegen (Sprichwort: »Er zittert wie Espenlaub«). Die im Umriß eiförmige Blattspreite hat einen welligen, etwas buchtig-gezähnten Rand. Die beim Austreiben filzig behaarten Blätter verkahlen bald. Im Sommer sind sie oberseits dunkelgrün und unterseits graugrün, im Herbst färben sie sich leuchtend gelb.
Blüte und Frucht: Die zweihäusig verteilten Blüten erscheinen im März vor Laubausbruch. Die bis 10 cm langen Blütenkätzchen weisen rote Staubbeutel und Narben auf. Der kleine, gelbe, flugfähige Samen ist in Haare eingehüllt und keimt sofort.
Bemerkungen: Das leichte, weiche Holz läßt sich gut spalten. Es findet vorrangig in der Zellulose- und Zündholzindustrie Verwendung. Früher wurde es auch für Dachschindeln und zu Haushaltsgegenständen benutzt. Vor Jahren konnte die Zitterpappel im Freiland nicht durch Stecklinge vermehrt werden. Heute gelingt diese Vermehrung in Folienzelten mit Sprühnebelberegnung. Die bisherige vegetative Vermehrung durch Wurzelbrut war ungünstig, da solche Bäume nicht alt werden. Die Art dient heute als Kreuzungspartner für andere Pappeln. Sie ist rauchhart und kann als Pionierbaumart auf Ödland angepflanzt werden, wo sie relativ früh Holzerträge bringt. Ihre starke Wurzelbrut und geringe Sturmfestigkeit machen sie wenig geeignet für Flurholzstreifen.

Wildbirne, Holzbirne
Pyrus pyraster (L.) Burgsdorf

Familie: Rosaceae – Rosengewächse
Name: *Pyrus* = lat. Name für Birnbaum; *aster* = griech., Stern.
Verbreitung und Vorkommen: Birnen werden schon lange in Asien und Europa kultiviert, daher ist eine genaue natürliche Verbreitung schwer festzustellen. Vermutlich war die Wildbirne im südlichen Mittel- und Westeuropa in der Eichen-Hainbuchenwald-Stufe heimisch. Die Birnen haben höhere Wärmeansprüche als die Äpfel.
Wuchs und Blätter: An einem günstigen Standort wird die Wildbirne bis 20 m hoch und hat im Gegensatz zu Apfelbäumen einen durchgehenden Schaft sowie eine pyramidale Krone. Der Stamm weist eine rauhe, kleinfeldrige, etwas quadratische Rinde auf. Die Zweige stehen häufig nach oben und sind dornspitzig. Die Blätter sitzen auf langen Stielen. Sie haben eine rundliche bis eiförmige zugespitzte, ausgewachsen ledrig-derbe, kahle, oberseits dunkelgrüne, unterseits graugrüne Spreite, meist mit etwas gesägtem Rand. Verwilderte Gartenformen sind häufig dornenlos.
Blüte und Frucht: Die Blüten erscheinen im Mai nach den Kirschen. Sie stehen zu 2 bis 6 in doldigen Trauben. Ihre Kelchblätter sind filzig behaart, ihre Blütenblätter reinweiß und die Staubbeutel rot. Die echten Wildbirnen haben rundliche (*Pyrus pyraster* ssp. *pyraster*) oder birnenförmige (*P. p.* ssp. *achras*) Früchte.
Bemerkungen: Das Holz der Wildbirne mit einem hellen, etwas rosafarbenen Splint und einem braunrötlichen Kern gilt als wertvolles Drechsler- und Tischlerholz. Schwarz gebeizt wird es als Ersatz für Ebenholz verwendet. Der wilde Birnbaum läßt sich ähnlich dem Wildapfel bereits in Pfahlbausiedlungen nachweisen. Unsere Gartenbirnen stammen wahrscheinlich von südosteuropäischen und kleinasiatischen Wildarten ab und stellen Ausgangsarten für die heute vorherrschenden verwilderten Birnbäume dar. Echte Wildbirnenvorkommen sind sehr selten und daher schützenswert.

Traubeneiche
Quercus petraea (MATTUSCHKA) LIEBL.
(*Qu. sessiliflora* SALISB.)

Familie: Fagaceae – Buchengewächse
Name: *Quercus* = lat. Gattungsname für Eichen; *petraea* von *petra* = griech., Fels, auf steinigem Boden wachsend, *sessiliflora* = lat., mit ungestielten, sitzenden weiblichen Blüten und Früchten
Verbreitung und Vorkommen: Die Traubeneiche kommt von Europa bis Kleinasien vor, reicht jedoch weniger weit nach Norden und Osten als die Stieleiche. Sie ist ein Baum des Hügellandes, der in Mitteleuropa nur selten über 600 m hoch steigt. Sie kommt auch auf ärmeren und trockeneren Böden vor.
Wuchs und Blätter: Der Baum kann über 40 m hoch werden und sieht der Stieleiche sehr ähnlich, ist aber nicht so knorrig beastet. Der Schaft reicht weiter in die Krone hinauf und hat keine so derbe Rinde. Die Äste stehen mehr spitzwinklig nach oben. Die Blätter können nicht als sicheres Bestimmungsmerkmal herangezogen werden, da ihre Form vereinzelt derjenigen der Stieleiche nahekommt. Typisch ausgebildete Blätter haben 1 bis 2 cm lange Blattstiele und einen symmetrischen, meist keilförmig in den Stiel verschmälerten Blattgrund. Es treten bei der Blattspreite zahlreichere Lappen als bei der Stieleiche auf (beiderseits 5 bis 7). Kräftige Nerven laufen nicht in den Buchten aus. Die beim Austreiben etwas seidenhaarigen Blätter verkahlen rasch.
Blüte und Frucht: Die Blüten erscheinen meist Mitte Mai und sind einhäusig verteilt. Die ♂ Blüten stehen zu vielen in hängenden, lockerblütigen Kätzchen. Die unscheinbaren ♀ Blüten sitzen zu mehreren an den jungen Zweigen. Die Eicheln stehen daher traubig gehäuft, ohne deutlichen Stiel am Zweig. Die reif dunkelbraunen Früchte haben im frischen Zustand keine erkennbaren Längsstreifen.
Bemerkungen: Das Holz sieht ähnlich aus und wird ebenso verwendet wie das von der Stieleiche. Die ehemals berühmten Furniereichen des Spessarts sind Traubeneichen. Nachdem die Kunst ihrer Anzucht – wozu 7 bis 8 Förstergenerationen gebraucht werden – besser beherrscht wird, erzeugt man auch anderswo gute Furniereichen. Die stärkereichen Früchte waren früher eine Hauptnahrung der in den Wald getriebenen Schweine (Schweinemast). Die Größe oder der Wert von Waldungen wurde vielfach daran gemessen, wieviel Schweine dort ihre Nahrung finden konnten. Die Traubeneiche ist sturmfest, rauchhart, und ihre Blätter besitzen ein hohes Staubfangvermögen, weshalb man sie nicht nur im Wald, sondern auch beim Flurholzanbau verwenden sollte.

Flaumeiche
Quercus pubescens WILLD.

Familie: Fagaceae – Buchengewächse
Name: *Quercus* = lat. Gattungsname; *pubescens* = lat., flaumhaarig (Blattunterseite)
Verbreitung und Vorkommen: Der Verbreitungsschwerpunkt der Flaumeiche liegt in Südeuropa und Kleinasien, wo sie magere, kalkarme Böden bevorzugt. In Mitteleuropa kommt sie selten in alten Weinbaugebieten, auch auf trockenen Kalkböden an sommerwarmen Hängen vor. Hier dürfte sie als Relikt der postglazialen Wärmezeit anzusehen sein, die etwa im Neolithikum vor rund 5000 Jahren in Mitteleuropa herrschte.
Wuchs und Blätter: In Mitteleuropa erreicht die Flaumeiche selten 10 m Höhe. Der kurze Stamm bildet meist eine breite Krone. Zumindest die jungen Zweige sind dicht flaumig behaart. Die Blätter können sehr variabel gestaltet sein und ähneln denen der Stieleiche am ehesten. Sie weisen 4 bis 6 Seitenlappen auf, die ihrerseits oft nochmals leicht gebuchtet sind. Die Blattspitze ist häufig drei- bis fünflappig. Die oberseits nur jung behaarten Blätter tragen auf der Unterseite dauernd Behaarung, ebenso die Blattstiele.
Blüte und Frucht: Die einhäusigen Blüten ähneln denen von Trauben- und Stieleiche. Sie blühen etwa 14 Tage nach diesen. Die Früchte sitzen oder stehen einzeln bis maximal zu 4 auf einem kurzen Stiel. Die 1 bis 2 cm langen, verlängert eiförmigen Eicheln mit deutlicher Spitze werden fast bis zur Hälfte vom filzig-schuppigen Becher umfaßt.
Bemerkungen: Die Flaumeiche kann südlich der Alpen waldbildend sein. Sie lieferte im Mittelmeerraum ein gesuchtes Schiffsbauholz, vor allem für die stark beanspruchten Kiele. Echte Flaumeichen sind in Mitteleuropa sehr selten und daher schützenswert. Bastarde, vor allem mit der Stieleiche, können in trocken-warmen sogenannten Steppenheidewäldern besonders auf Kalkböden oder auf alten, oft inzwischen aufgegebenen Weinbauflächen vorhanden sein.

Stieleiche, Sommereiche
Quercus robur L. (*Qu. pedunculata* EHRH.)

Familie: Fagaceae – Buchengewächse
Name: *Quercus* = lat. Gattungsname für Eichen; *robur* = lat., Kraft, Stärke, *pedunculata* = lat., gestielt (Blüten, Früchte)
Verbreitung und Vorkommen: Die Stieleiche kommt von Spanien bis zum Ural und von Nordafrika bis Mittelschweden vor. Sie gedeiht vor allem auf grundwassernahen Böden, aber auch auf trockenen, warmen Standorten und überall dort, wo auch die Traubeneiche geeignete Wuchsbedingungen findet. In den Mittelgebirgen ist sie vereinzelt bis in 800 m Höhe anzutreffen.
Wuchs und Blätter: Die Stieleiche kann bis 40 m hoch und 800 Jahre alt werden. Der walzliche Schaft mit tiefrissiger, grober Rinde verzweigt sich schon zeitig und trägt knorrige, oft waagerecht abstehende, knickig gebogene Äste. Die kurz gestielten Blätter erscheinen Anfang Mai, 1 bis 2 Wochen vor der Traubeneiche. Die etwas unsymmetrische Blattspreite weist 4 bis 6 Lappen auf. Die Hauptnerven verlaufen vereinzelt auch in die Lappenbuchten. Der Blattgrund ist meist geöhrt. Die sehr variable Blattform reicht zur sicheren Bestimmung nicht aus.
Blüte und Frucht: Die einhäusigen Blüten erscheinen Ende April bis Mai. Die ♂ Blüten stehen in lockeren, schlaffen, bis 6 cm langen »Kätzchen« an den vorjährigen Trieben. Die ♀ Blüten sind in kleinen, unscheinbaren, rötlichgrünen Köpfchen, meist zu 2 bis 3, an langen Stielen an der Triebspitze in einem knopfigen Becher angeordnet, aus dem nur die roten Narben herausragen. Die Früchte reifen im September. Die 2 bis 4 cm langen Eicheln mit glatter, längsgestreifter Schale sitzen in einem warzigen bis schuppigen Fruchtbecher mit glattem oberen Rand. Die Früchte haben einen langen Stiel (Stieleiche).
Bemerkungen: Das Holz der Stieleiche mit einem hellgelben Splint und bräunlichem Kern war für Möbel, Vertäfelungen, Furniere, zu Schiffs- und Wasserbauten, Fässern und später für Eisenbahnschwellen begehrt. Die Eichen lieferten die beste Gerberlohe. Auf den Eichenblättern finden sich häufig runde Gallen, die früher eine wichtige Grundlage für die Tintenbereitung darstellten.
In einzeln stehende Eichen soll bevorzugt der Blitz einschlagen. Die Stieleiche weist in landeskultureller Hinsicht in noch höherem Maße alle günstigen Eigenschaften der Traubeneiche auf. Beide Arten sind rauchhart, wenig ammoniakempfindlich, und die Stieleiche kann auch auf Naßböden angebaut werden.

Roteiche
Quercus rubra L.

Familie: Fagaceae – Buchengewächse
Name: *Quercus* = lat. Gattungsname für Eichen; *rubra* = lat., rot (Herbstfärbung)
Verbreitung und Vorkommen: Die aus Nordamerika stammende Art ist schon länger als wertvoller Forstbaum in Mitteleuropa eingebürgert und wird in Parks und Gärten häufig angepflanzt, von wo aus sie leicht verwildert. Sie stellt geringe Ansprüche an den Boden.
Wuchs und Blätter: An günstigen Standorten kann die Roteiche bis 30 m hoch werden mit einem durchgehenden Stamm, der eine relativ glatte, schwarzgraue Rinde aufweist. Die Zweige sind jung etwas behaart und glänzend rotbraun. Die bis 20 cm langen Blätter mit beiderseits meist 4 spitzgezähnten Lappen verkahlen auf der Oberseite bald, bleiben aber auf der Unterseite vor allem in den Nervenwinkeln behaart. Die Herbstfärbung kann leuchtend rot, aber auch gelbbraun sein. (Eichenarten mit ähnlichen Blättern und auffallend roter Herbstfärbung sind in Parkanlagen anzutreffen und können zu Verwechslungen Anlaß geben.)
Blüte und Frucht: Die eingeschlechtlichen Blüten öffnen sich im Mai und ähneln denen unserer heimischen Eichenarten. Die Frucht reift erst im Herbst des zweiten Jahres. Die einjährigen Früchte sind etwa dreimal so groß wie die ♀ Blüte. Die reife Frucht ist breit-eiförmig, unten abgeflacht und sitzt nur auf einem ganz kurzen Stielchen. Sie wird zu einem Drittel vom Fruchtbecher eingeschlossen, dessen oberer Rand leicht nach innen gebogen und etwas gewimpert ist.
Bemerkungen: Das Holz mit rötlichem Kern wird nicht so geschätzt wie das der heimischen Eichenarten, kann aber wie dieses verwendet werden. Die Roteiche gedeiht auf ärmeren, trockenen Böden besser als Stiel- und Traubeneiche und hat ein rasches Jugendwachstum. Da sie rauchhart und wenig ammoniakempfindlich ist, auch auf Kippen und Halden gedeiht sowie kaum vom Wild verbissen wird, eignet sie sich für viele Formen des Flurholzanbaus. Als Baumart mit waldbrandhemmender Wirkung wird sie auch in Schutzstreifen gegen Waldbrand angepflanzt.

Robinie, Falsche Akazie
Robinia pseudoacacia L.

Familie: Fabaceae (Papilionaceae) – Schmetterlingsblütengewächse
Name: *Robinia* = benannt nach dem Gärtner Vespasian Robin, der um 1600 die ersten Pflanzen in Europa kultivierte; *pseudo* = griech., unecht, falsch, *acacia* = griech. Name des ägyptischen Schotendorns
Verbreitung und Vorkommen: Die Robinie hat ihre Heimat in den östlichen Laubwaldgebieten Nordamerikas. Sie wurde zuerst als Zierbaum angepflanzt. Später baute man sie verbreitet vor allem auf armen Sandböden als Pionierbaumart in Beständen zur Bodenverbesserung an. Die etwas frostempfindliche Art ist im Hügelland überall verwildert anzutreffen.
Wuchs und Blätter: Der Baum wird etwa 25 m hoch und besitzt eine sparrige, lichte Krone. Der Stamm hat eine tiefrissige, hellgraubraune Rinde. Er treibt starke Wurzelbrut. Die Zweige sind grün bis rötlichbraun, etwas kantig mit meist zweifachen, bis 3 cm langen Dornen beiderseits der Blätter (umgewandelte Nebenblätter). Die unpaarig gefiederten, 20 bis 30 cm langen Blätter erscheinen meist erst Ende Mai. Ihre 2 bis 5 cm langen Fiederblättchen haben eine abgerundete, oft etwas eingekerbte Spitze.
Blüte und Frucht: Die Blütezeit ist Ende Mai oder Anfang Juni nach Laubausbruch. In langen, trockenen und warmen Sommern kann es im September zu einer zweiten Blüte kommen. Die weißen Blüten stehen an Kurztrieben in 15 bis 25 cm langen Trauben. Die 5 bis 10 cm langen Fruchthülsen enthalten 4 bis 10 dunkelgrüne bis schwarzbraune Samen und öffnen sich erst im Winter.
Bemerkungen: Das Holz der Robinie mit einem hellen Splint und einem bräunlichen Kern wird vielseitig verwendet. Allerdings ist es giftig (Staub in Sägewerken!). Als Spätblüher stellt die Robinie eine wichtige Bienenweide dar. Sie ist rauchhart, ziemlich ammoniakresistent und hat sich in Schutzstreifen gegen Waldbrand bewährt. Sie nimmt mit armen Böden vorlieb und wird auch auf Kippen und Halden angepflanzt. Da sie als Schmetterlingsblütler mit Hilfe der Wurzelsymbiose den Luftstickstoff verwerten kann, trägt sie zur Bodenverbesserung bei. Durch starke Wurzelbrutbildung kann sie in Nachbarkulturen lästig werden.

Silberweide
Salix alba L.

Familie: Salicaceae – Weidengewächse
Name: *Salix* = lat. Gattungsname; *alba* = lat., weiß, hell (Blattunterseite)
Verbreitung und Vorkommen: Die Silberweide kommt in Europa bis Zentralasien und in Nordafrika vor. Sie wird auch in Nordamerika angepflanzt. Sie ist ein Baum der Ebene, der an Fluß- und Bachufern und an quelligen, nassen Stellen wächst. Man pflanzt sie bei uns auch verbreitet an.
Wuchs und Blätter: Der 20 bis 25 m hohe Baum hat eine unregelmäßig verzweigte Krone mit aufrechten, oft überhängenden Zweigen. Der Stamm ist meist kurz mit längsrissiger, graubrauner Rinde. Die dünnen, jungen Triebe sind meist seidig behaart und hell graubraun. Die häufig angepflanzte Unterart *Salix alba* ssp. *vitellina*, die Dotter- oder Goldweide (*vitellus* = lat., Eidotter), hat gelbe bis rötliche Zweige. Die Blätter sind 6 bis 10 cm lang, schmal, nach beiden Enden zugespitzt und kurz gestielt. Ihr Rand ist feingesägt und drüsig. Im Frühjahr tragen die Blätter beiderseits seidige Haare, im Sommer wird die Oberseite kahl, während die Unterseite behaart bleibt. Die lanzettlichen Nebenblätter fehlen jedoch häufig schon im Frühsommer.
Blüte und Frucht: Die zweihäusig verteilten Blüten erscheinen im April. Die bis 6 cm langen ♂ Kätzchen stehen aufrecht. Die ♀ Kätzchen sind deutlich gestielt, länglich-walzig. Die Fruchtknoten sind fast sitzend. In den aus ihnen entstehenden Kapseln bilden sich sehr kleine Samen mit einem weißen Haarschopf, der als Flugorgan dient.
Bemerkungen: Das Holz der Silberweide mit einem schmalen, hellen Splint und einem hellroten bis braunen Kern ist sehr leicht, weich und biegsam. Der Baum wird oft schon mit 30 Jahren kernfaul, ohne aber abzusterben. Er besitzt ein hohes Ausschlagsvermögen. Deshalb schneidet man die Äste vielfach in Mannshöhe ab, um bequem recht viele der biegsamen, jungen, bis zu 1,50 m langen Triebe als Flechtruten zu gewinnen (Kopfweidenbetrieb). Aus stärkeren Stämmen wurden gelegentlich Kähne gefertigt. Weidenholz verarbeitet man vereinzelt auch zu Zeichenkohle. Weidenrinden wurden vorrangig zum Gerben, z. B. von Russischem Juchtenleder und Handschuhleder, verwendet.
An günstigen Standorten ist die Silberweide ziemlich rauchhart. Durch ihr intensives Wurzelwerk trägt sie zur Befestigung von Flußufern bei. Eine Sorte mit hängenden Ästen stellt *Salix alba* 'Tristis' dar, die bei uns vorherrscht, da sie nicht so frostempfindlich ist wie *Salix babylonica* L., die Babylonische Trauerweide.

Mehlbeere
Sorbus aria (L.) CRANTZ

Familie: Rosaceae – Rosengewächse
Name: *Sorbus* = lat. Name für Elsbeere; *aria* = lat. Name einer uns unbekannten Baumart
Verbreitung und Vorkommen: Als Baumart südlicher Bergländer Europas kommt die Mehlbeere vor allem auf trockeneren Kalkböden in lichten Laubmischwäldern vor und ist im Norden Mitteleuropas sehr selten, dagegen am Nordrand der Alpen noch häufig in der montanen Stufe.
Wuchs und Blätter: Je nach Standort handelt es sich um einen derbästigen Strauch oder um einen kleinen, bis 18 m hohen, oft mehrstämmigen Baum. Die jungen Zweige sind graufilzig behaart, später glänzend olivbraun und kahl. Die Blätter können sehr variabel sein, in der Regel weisen sie einen 1 bis 2 cm langen, weißfilzigen Blattstiel und eine 8 bis 14 cm lange, eiförmige Blattspreite auf, die kurz zugespitzt, am Rand doppelt gesägt und selten etwas gelappt ist. Jung sind die Blätter stark behaart, aber sie verkahlen im Sommer oberseits fast völlig. Die Unterseite bleibt stark weißfilzig behaart und zeigt 7 bis 14 stark hervortretende Nervenpaare.
Blüte und Frucht: Die aufrechten, weißen Rispendolden erscheinen im Mai. Blütenstiele und Kelchblätter sind weißfilzig. Die Staubblätter werden auffallend lang. Die 1 bis 2 cm langen, kugeligen, roten Früchte sind meist hellbraun punktiert.
Bemerkungen: Das harte Holz mit braunem Kern hat keinen hohen Nutzwert. Aus den Früchten wurde früher Essig bereitet. Die Mehlbeere ist auf günstigen Standorten ziemlich rauchhart, und ihre Blätter besitzen ein hohes Staubfangvermögen. Als städtischer Straßenbaum wird sie vielfach angebaut. Bevorzugt werden dabei aber Artbastarde mit der Vogelbeere und anderen *Sorbus*-Arten. Zu diesen gehört die Schwedische Mehlbeere (*Sorbus intermedia* [EHRH., PERS.]), die auch verwildert angetroffen werden kann. Sie wird für einen stabilen 3fachen Bastard gehalten aus Mehlbeere, Vogelbeere und Elsbeere, der am meisten im Aussehen der Mehlbeere gleicht.

Eberesche, Vogelbeere
Sorbus aucuparia L.

Familie: Rosaceae – Rosengewächse
Name: *Sorbus* = lat. Name für Elsbeere; *aucuparia* =zusammengesetzt aus *avis* = lat., Vogel, und *capere* = lat., fangen
Verbreitung und Vorkommen: Der Schwerpunkt der Verbreitung liegt im nördlichen Europa und in Westasien. In Nordamerika wurde der Baum von deutschen Auswanderern eingeführt und kommt verwildert vor. Bei uns ist die Eberesche für ärmere Böden und die Fichtenwaldstufe der Mittelgebirge charakteristisch. Sie wurde häufig als Straßenbaum angepflanzt. Durch Vögel wird sie weit verbreitet.
Wuchs und Blätter: Der kleine, bis maximal 18 m hohe Baum weist jung einen durchgehenden Schaft mit rundlicher, lockerer Krone auf, später trägt er viele abgestorbene Äste. Die jung weißgrau behaarten Zweige verkahlen im Frühsommer. Die 20 bis 30 cm langen Blätter sind unpaarig gefiedert mit 11 bis 17 Fiederblättchen, die an der Blattspindel sitzen und einen scharf gesägten Rand haben. Nur der Blättchengrund ist ganzrandig. Die Behaarung der Blätter verschwindet bald bis auf die Nervenwinkel der Blattunterseiten.
Blüte und Frucht: Die weißen Blüten erscheinen Ende Mai bis Anfang Juni. Stiele und Kelch sind dicht behaart und stehen in großen Doldenrispen. Die etwa 1 cm großen, kugeligen, gelb- bis scharlachroten Früchte bleiben oft bis zum Winter am Baum.
Bemerkungen: Das Holz der Eberesche mit einem rotbraunen Kern ist wirtschaftlich bedeutungslos. Die bitteren, ungenießbaren Früchte enthalten viel Stärke und Zucker, so daß man aus ihnen Branntwein herstellen kann.
In den Kammlagen der Gebirge stellt der Baum eine wichtige Äsungspflanze für das Rotwild und als Spätblüher auch eine gute Bienenweide dar. Er ist ziemlich rauchhart. Als Überträger der Ebereschenmotte auf Äpfel sollte er nicht neben Apfelbäumen stehen. Neben der gewöhnlichen Eberesche wird in den Alleen häufig die bitterstoffarme Süße oder Mährische Eberesche (*Sorbus aucuparia* var. *dulcis* KRAETZEL, var. *moravica* ZENGERL) angepflanzt. Die Blätter dieser Süßen Ebereschen sind fast kahl und die Fiederblättchen erst über der Blattmitte gesägt. Der Saft der Früchte wird Obstsäften zugesetzt.
Der Eberesche ähnlich ist der in Mitteleuropa sehr seltene Speierling (*Sorbus domestica* L.), der nur in warmen und trockenen Gebieten vorkommt. Die in wenigblütigen Doldenrispen stehenden Blüten haben immer 5 Staubgefäße, während es bei der Eberesche meist 3 sind. Die etwa kirschgroßen, birnenähnlich geformten, rotgelben Früchte strömen bei der Reife einen intensiven Obstgeruch aus und wurden, als der Baum noch in den Hausgärten oder an Waldrändern stand, Obstsäften zugesetzt.

Elsbeere
Sorbus torminalis (L). Crantz

Familie: Rosaceae – Rosengewächse
Name: *Sorbus* = lat. Artname; *torminalis* = lat., gegen die Ruhr (*tormina*)
Verbreitung und Vorkommen: Die wärmeliebende Art ist vor allem in Südeuropa, Kleinasien und Nordafrika verbreitet, hat im Weichselgebiet ihre Ostgrenze und fehlt im Küstenbereich an der Nordsee. In Mitteleuropa kommt sie nur auf neutralen, insbesondere Kalkböden an Sonnenhängen in Laubmischwäldern vor.
Wuchs und Blätter: Der Baum kann über 25 m hoch werden und hat einen geraden, bis in die Krone durchgehenden Schaft. Der Stamm weist eine auffallend klein- und dünnschuppige Rinde auf. Die bis 10 cm langen, am Grunde gestutzten oder etwas herzförmigen Blätter mit 5 bis 9 Lappen, von denen die untersten am tiefsten eingeschnitten sind, stehen auf 2 bis 5 cm langen, behaarten Stielen. Der Blattrand ist scharf gesägt. Die Behaarung verschwindet bald bis auf die Nervenwinkel. Im Herbst zeigen die Blätter eine auffallend rote Herbstfärbung.
Blüte und Frucht: Die weißen Blüten mit behaarten Kelchblättern erscheinen Ende Mai und stehen in aufrechten, lockeren Doldenrispen, deren Stiele behaart sind. Die birnenähnliche Frucht wird etwa 1,5 cm lang. Sie ist reif lederbraun mit hellen Punkten und erst nach Frosteinwirkung genießbar.
Bemerkungen: Das Holz der Elsbeere mit einem rotbraunen Kern hat vor allem im Instrumentenbau einen hohen Gebrauchswert. Im Mittelalter verwendete man die getrockneten Früchte gegen ruhrartige Erkrankungen, daher stammt auch der Name »Ruhrbirne« für diese Baumart. Auf kräftigen Böden in warmem Klima hat sich der sturmfeste und wenig rauchempfindliche Baum in Flurgehölzen bewährt. Er ist als Spätblüher eine geschätzte Bienenweide, und seine Früchte werden gern als Wildäsung angenommen. Früher wurden diese wegen ihres intensiven Obstgeruches auch den Hausweinen zugesetzt.

Winterlinde
Tilia cordata Mill.

Familie: Tiliaceae – Lindengewächse
Name: *Tilia* = lat., Linde; *cordata* = lat., herzförmig (Blätter)
Verbreitung und Vorkommen: Die Winterlinde ist im ganzen gemäßigten Europa bis Skandinavien verbreitet und erreicht im Osten den Ural und den Kaukasus. Meist trifft man die Art verstreut als Mischbaumart in Laubwäldern auf trockenen Böden, auch auf Geröllhalden und nicht selten auf saueren und wechselfeuchten Standorten an. Im östlichen Europa kommt sie häufiger vor als in den ozeanischen Gebieten.
Wuchs und Blätter: Der Baum wird bis 25 m hoch und bildet im Wald langschäftige Stämme. Im Freistand bleibt er kurzstämmig mit einer weit ausladenden Krone. Er kann über 600 Jahre alt werden und besitzt ein kräftiges Stockausschlagsvermögen. Seine Zweige sind kahl. Die Blätter haben eine herzförmige, etwa 6 cm lange Spreite, deren Rand fein gesägt ist und in eine Spitze ausläuft. Die unterseits etwas graugrünen Sonnenblätter haben in den Nervenwinkeln bräunliche Bärtchen, in denen sich gern Milben aufhalten.
Blüte und Frucht: Die Blütezeit liegt im Juli, 2 Wochen nach der Sommerlinde. Die weißgelben Blüten stehen in fünf- bis zwölfblütigen Trugdolden, deren Tragblatt nicht bis an die Stielbasis heranreicht. Die bräunliche, dünnschalige Nuß mit wenig deutlichen oder fehlenden Rippen hat einen Durchmesser von etwa 0,5 cm und ist etwas rauh behaart.
Bemerkungen: Das gelblichweiße Holz der Linde ist hell, sehr weich und wird als Schnitzholz gesucht. Früher fertigte man aus ihm auch Holzschuhe, Tröge und Schachteln. Lindenblütentee wirkt schweißtreibend, krampfstillend und schleimlösend. Der Lindenblütenhonig ist besonders geschätzt. Das Lindenblütenöl wird von der Duftstoffindustrie gebraucht.
Die Linde galt bei den Germanen und Slawen als Friedens- und Fruchtbarkeitssymbol. Sie war bei den Germanen der Göttin Freya, bei den Slawen der Krasogani oder Ostora, der Göttin der Ehe, heilig. Lindenholz wurde noch im Mittelalter als Lignum sanctum (Heiliges Holz) bezeichnet, weil man aus ihm vorzugsweise Marien- und Heiligenstatuen schnitzte.
Die Winterlinde ist ein guter Alleebaum und für Großstädte besser geeignet als die Sommerlinde, doch sind beide Arten nicht sehr rauchhart. Als Straßenbaum hat die frostharte und sturmfeste Art weite Verbreitung gefunden.

Sommerlinde
Tilia platyphyllos Scop.

Familie: Tiliaceae – Lindengewächse
Name: *Tilia* = lat., Linde; *platyphyllos* = griech., breitblättrig
Verbreitung und Vorkommen: Die Sommerlinde ist vor allem in Südeuropa verbreitet. In Mitteleuropa erreicht sie die Ostsee nicht mehr, im Osten nur die westliche Ukraine. Sie besiedelt als seltene Mischbaumart der Laubwälder mineralkräftige und meist frische Standorte. Außerhalb des Waldes wird sie häufig angepflanzt, z. B. als Dorflinde.
Wuchs und Blätter: Im Wald bildet der Baum einen durchgehenden Schaft und kann bis 30 m hoch werden. Im Freistand bleibt er kurzschäftig und vermag eine breite Krone auszubilden. Die Zweige sind, zumindest jung, locker flaumig behaart. Die Blätter haben bis 4 cm lange, behaarte Stiele. Die bis 10 cm lange Blattspreite mit ungleich spitzem und scharf gesägtem Rand ist etwas schief-herzförmig. Die Oberseite der grünen Blätter verkahlt meist bald, die Unterseite bleibt in der Regel etwas behaart. In den Blattadern sitzen weiße bis gelbe Haarbüschel, in denen sich oft Milben aufhalten.
Blüte und Frucht: Die Blütezeit beginnt Mitte bis Ende Juni, etwa 2 Wochen vor der Winterlinde. Die weißgelblichen Blüten stehen zu 3 bis 5 in Trugdolden, deren Stiel ein blattartiges Gebilde besitzt, das fast bis zur Stielbasis herabreicht. Es dient später der Frucht als Flugblatt bei der Verbreitung. Die Frucht ist eine holzige, bis 1 cm große Nuß mit 4 bis 5 Rippen und filziger Behaarung.
Bemerkungen: Die heimischen Lindenarten liefern einen sehr begehrten Bast. Gewebe aus Lindenbast wurden bereits in den Pfahlbausiedlungen festgestellt. In vielen europäischen Ländern stellte man aus ihm bis in die jüngste Zeit Matten, Säcke, Körbe, Schnüre und Schuhe her. Die im Juni gefällten Stämme und starken Äste werden längere Zeit ins Wasser gelegt. Danach läßt sich der Bast in breiten Streifen ablösen. Auch das Holzmehl wurde früher gelegentlich wegen seines Stärkereichtums verfüttert. Das Holz der Sommerlinde ist leichter als das der Winterlinde und diente früher als Schleifholz beim Polieren von Metallen.
Bastarde von Sommer- und Winterlinde kommen öfter vor und werden auch kultiviert. Ebenso pflanzt man Kreuzungen mit anderen nicht heimischen Lindenarten vor allem in Städten, in Alleen und Anlagen, so daß die Artbestimmung einer Linde oft schwierig werden kann. Die Bastarde erwiesen sich vor allem in Großstädten robuster als die reinen Arten. Die Sommerlinde ist für größere Städte, insbesondere Industriestädte, ungeeignet. Für Straßenalleen und beim Flurholzanbau wird sie jedoch in klimamilden Gegenden mit Erfolg verwendet.

Bergulme
Ulmus glabra HUDS.
(*U. scabra* MILL., *U. montana* STOKES)

Familie: Ulmaceae – Ulmengewächse
Name: *Ulmus* = lat. Gattungsname; *glabra* = lat., kahl, *montana* = lat., im Gebirge wachsend, *scabra* = lat., rauh (Blätter)
Verbreitung und Vorkommen: Die Bergulme kommt in Europa und in Asien bis zur Mandschurei vor. Sie reicht von Spanien bis zum 60. Breitengrad. In Mitteleuropa gedeiht sie auf frischen und kräftigen Böden vor allem im Bergland und in Buchenmischwäldern des Hügellandes.
Wuchs und Blätter: Der Baum kann bis 30 m hoch werden und bildet im Wald einen schlanken Stamm mit lange glattbleibender, später deutlich längsrissiger Rinde. Äste und Zweige weisen keine Korkleisten auf. Die jungen Zweige sind drüsig rostrot behaart und im Gegensatz zu anderen Ulmen verhältnismäßig dick. Die Blätter mit etwa 5 mm langen, behaarten Stielen sind 8 bis 15 cm lang, rauh behaart, verkehrt-eiförmig und zugespitzt. Die Spitze, vor allem der Endblätter an Langtrieben, ist häufig dreizipfelig, scharf doppelt oder einfach gesägt und am Grunde, zumindest bei Sonnenblättern, einseitig geöhrt. Die Blattform kann oft erheblich vom Normaltyp abweichen, weshalb bei der Bestimmung auch andere Merkmale beachtet werden müssen.
Blüte und Frucht: Die unscheinbaren, zwittrigen Blüten mit violettroten Staubbeuteln stehen kugelig gehäuft zusammen und erscheinen etwa Anfang April vor Laubausbruch. Obwohl die Blüten durch Wind bestäubt werden, trifft man auf ihnen Bienen an. Die etwa 3 mm großen, rundlich-ovalen Nüßchen sitzen fast in der Mitte des annähernd runden Flügels und reifen im Juni.
Bemerkungen: Das Holz der Bergulme ähnelt dem der Feldulme, wurde aber weniger geschätzt. Der Baum wird vor allem im Hügelland von der Krankheit des Ulmensterbens betroffen. Obwohl die Art sturmfest und relativ rauchhart ist und keine lästig werdende Wurzelbrut treibt, muß auf ihre Anpflanzung in Flurholzstreifen verzichtet werden. Bastarde mit der Feldulme sind in Gebieten, wo beide Arten vorkommen, nicht selten.

Flatterulme
Ulmus laevis PALLAS (*U. effusa* WILLD.)

Familie: Ulmaceae – Ulmengewächse
Name: *Ulmus* = lat. Gattungsname; *laevis* = lat., glatt (Rinde), *effusa* = lat., ausgeschüttet im Sinne von flatternd (Blüten und Früchte)
Verbreitung und Vorkommen: Der Schwerpunkt des Vorkommens liegt in Südeuropa bis zum Kaukasus. In Westeuropa und im nördlichen Mitteleuropa ist die Art selten, dagegen im baltischen Raum sehr vital. Sie bevorzugt tiefgründige, fruchtbare Auwaldböden im warmen Tiefland. Da sie auch Staunässe erträgt, dringt sie in die ufernahen Weiden- und Pappelauen der Ströme ein.
Wuchs und Blätter: Der Baum kann etwa 30 m hoch werden und hat eine flachschuppige, längsrissige Stammrinde. Die Äste sind aufsteigend und hängen an der Spitze etwas über. Die Flatterulme bildet ähnlich der Feldulme starke Wurzelbrut. Die jungen Zweige sind weich behaart. Die 6 bis 12 cm langen, verkehrt-eiförmigen bis elliptischen Blätter sitzen auf einem 0,5 cm langen Stiel, haben einen asymmetrischen Blattgrund und einen scharf doppelt gesägten Rand, wobei die Zähne spitzenwärts gekrümmt sind. Die hellgrüne Blattoberseite ist wenig rauh und gering behaart, die Unterseite dagegen hell- bis graugrün und weich behaart.
Blüte und Frucht: Die Blüten erscheinen Ende März bis Mitte April, etwa 2 Wochen später als bei den anderen Ulmenarten. Obwohl die Art – wie alle Ulmen – windblütig ist, wird sie als Frühblüher wegen des Pollens von Bienen besucht. Die kleine Nüßchenfrucht hat einen eirunden, kleinen, am Rand bewimperten Flügel. Die Frucht sitzt in der Mitte des Flügels und hängt an einem etwa 2 cm langen, dünnen Stiel.
Bemerkungen: Das Holz der Flatterulme ist weniger geschätzt als das der anderen Ulmen, weshalb sie in Mitteleuropa forstlich nicht kultiviert wurde. Zur Zeit wird sie vom Ulmensterben (siehe Feldulme) am wenigsten betroffen und steht gelegentlich noch in Parks oder Alleen.

Feldulme

Ulmus minor Mill.

(*U. campestris* L., *U. carpinifolia* Gled.)

Familie: Ulmaceae – Ulmengewächse

Name: *Ulmus* = lat. Gattungsname; *minor* = lat., kleiner (Blätter), *campestris* = lat., auf dem Felde wachsend, *carpinifolia* = lat., hainbuchenblättrig

Verbreitung und Vorkommen: Die Feldulme ist als wärmeliebender Baum hauptsächlich in Südeuropa verbreitet, erreicht im Norden die Ostsee und kommt auch in Westasien und Nordafrika vor. Neben warmem Klima werden kräftige Böden bevorzugt. Sie erträgt Grundfeuchte und kurze Staunässe und war deshalb ein charakteristischer Baum der Hartholzaue größerer Flüsse.

Wuchs und Blätter: Diese Ulme kann 30 bis 40 m hoch werden und ein Alter von 400 bis 500 Jahren erreichen. Ihr Stamm hat eine grobe, eichenähnliche Rinde. Typisch ist eine sehr reiche Wurzelbrut. Die Zweige mit häufig auffallenden Korkleisten sind meist dünn und unbehaart. Die selten über 10 cm langen, verkehrt-eiförmigen, vereinzelt fast rundlichen Blätter sitzen auf einem kurzen Blattstiel und tragen nur unterseits in den Nervenwinkeln Haare.

Blüte und Frucht: Die Blüten erscheinen Ende März bis Mitte April, sind büschlig gehäuft und fast sitzend. Die verkehrt-eiförmige Frucht ist kahl. Der Same befindet sich im oberen Teil des Flügels und reift Ende Mai.

Bemerkungen: Das Holz dieser Ulme mit einem gelblichen Splint und einem braunroten Kern ist von Tischlern, Drechslern, Schnitzern und für die Möbelherstellung, besonders für Furniere, gesucht. Durch das bereits lange anhaltende Ulmensterben, das in Westeuropa begann und auch Asien erreichte, geht die Feldulme immer mehr zurück, so daß sie nicht angepflanzt werden kann. Die Krankheit wird durch einen Pilz (*Ceratocystis ulmi*) hervorgerufen, den der Ulmensplintkäfer (*Eccoptogaster scolytus*) überträgt. Durch den Pilz werden die Leitungsbahnen verstopft, und der Baum »vertrocknet« von der Krone her. Da junge Ulmen vom Ulmensterben kaum betroffen werden und die Bildung von Wurzelbrut hoch ist, hat die Feldulme eine bescheidene Überlebenschance. Sie ist sturmfest, rauchhart, besitzt ein hohes Staubfangvermögen und bietet auch als Busch dem Niederwild Sicht- und Deckungsschutz. Es wäre ein idealer Baum für den Flurholzanbau. Bastarde der Feldulme mit der Bergulme kommen öfter in Mischgebieten beider Arten vor und erschweren die sichere Bestimmung der Art.

Grünerle
Alnus viridis (Chaix) Dc.

Familie: Betulaceae – Birkengewächse
Name: *Alnus* = lat. Gattungsname; *viridis* = lat., grün
Verbreitung und Vorkommen: Die Grünerle ist in Mitteleuropa ein Strauch des Hochgebirges von den Karpaten bis zu den Alpen. Im Schwarzwald, Bayrischen Wald und im Sudetenraum kommt sie selten vor. Darüber hinaus trifft man sie im subarktischen Gürtel Eurasiens und Nordamerikas an. In den Gebirgen werden feuchtfrische Böden in schattseitigen Lagen über der Waldgrenze bevorzugt. Vor allem entlang von Bächen breitet sich die Art bis in tiefere Lagen aus und wächst dann auch baumförmig.
Wuchs und Blätter: Im mitteleuropäischen Hauptverbreitungsgebiet bildet die Grünerle einen niederliegenden bis aufsteigenden, vielstämmigen Strauch, der 1 bis 2 m hoch werden kann, aber durch die Schneemassen immer wieder an den Boden gedrückt wird. Die Wurzelbrutbildung und das Stockausschlagsvermögen sind stark entwickelt. Als Baum ähnelt sie etwas der Grauerle. Die grauen bis rotbraunen, zusammmengedrückten Zweige haben ein dreieckiges Mark. Die ungefähr 3 bis 6 cm langen Blätter sind eiförmig-elliptisch mit kurzer Spitze und unregelmäßig scharf bis doppelt gesägtem Rand. Die jung etwas klebrigen Blätter haben meist nur auf der Unterseite in den Aderwinkeln kleine Bärtchen. Im Gegensatz zu den anderen heimischen Erlen sitzen die zugespitzten Blattknospen.
Blüte und Frucht: Die Blütezeit der einhäusigen Grünerle liegt nach der Schneeschmelze, im Hochgebirge im Juni beim Austreiben der Blätter. Die ♂ Blütenkätzchen sind endständig, werden schon im Sommer angelegt und stehen aufrecht. Beim Stäuben beginnen sie zu hängen. Die aufrechten, gestielten, zu 3 bis 6 zusammenstehenden ♀ Blütenstände bilden sich erst beim Austreiben der Blätter. Die breit geflügelte, gelbbraune Frucht ähnelt den Birken.
Bemerkungen: Die oft großflächig vorkommenden, dichten Büsche der Grünerle stellen einen guten Schutz gegen Erdrutsche und Steinschlag im Hochgebirge dar. Aber ihre Bedeutung als Lawinenschutzgehölz ist im Gegensatz zur Bergkiefer (Latsche) nicht sehr hoch, da nasse Schneemassen und auch der lockere Schnee, sogenannte Staublawinen, über die niedergedrückten Büsche mit sehr biegsamen Ästen hinweggleiten können. Botanisch ist die Grünerle insofern interessant, da sie auch Merkmale der Gattung Birke (*Betula*) aufweist, worauf noch mehrere alte, jetzt nicht mehr gültige wissenschaftliche Namen hinweisen, wie *Alnus alnobetula* oder *Alnoaster* (= falsche Erle) als eigener Gattungsname.

Berberitze, Sauerdorn
Berberis vulgaris L.

Familie: Berberidaceae – Berberitzengewächse
Name: *Berberis* = Gattungsname unbekannter Herkunft; *vulgaris* = lat., gewöhnlich, allgemein
Verbreitung und Vorkommen: Die Berberitze kommt in Mittel- und Südeuropa bis zum Kaukasus vor. Sie bevorzugt warme Standorte an Hängen und Waldrändern oder in lichten Laubmischwäldern. Gegendweise wurde sie ausgerottet.
Wuchs und Blätter: Der zierliche, vielschossige, lockere Strauch mit glatter, gelbbrauner bis grauer, sich faserig ablösender Rinde kann bis zu 2 m hoch werden. An den rutenförmigen, vielfach bogig überhängenden Zweigen, den Langtrieben, sitzen meist dreiteilige, hellbraune Dornen, die aus umgewandelten Blättern gebildet wurden und in ihren Achseln die beblätterten Kurztriebe tragen. Die kurzgestielten, länglichen und verkehrt-eiförmigen, 3 bis 5 cm langen Blätter sind verhältnismäßig derb. Ihr Rand ist dornig gewimpert bis gezähnt. Sie stehen in der Regel zu vielen, büschlig gehäuft an den Kurztrieben.
Blüte und Frucht: Die Blüten mit meist je 6 goldgelben Blüten- und gelben Kelchblättern erscheinen Ende Mai und bilden hängende, vielblütige Trauben an den Kurztrieben. Die Spitzenblüte der Traube hat häufig nur 5 Blütenblätter. Die Staubblätter sind an ihrer Innenseite bei Berührung reizbar und neigen sich nach innen auf das bestäubende Insekt. Die bis 1 cm langen, bei der Reife hellroten Beerenfrüchte reifen im August bis September und bleiben oft über den Winter am Strauch.
Bemerkungen: Das sehr harte, auffallend gelbe Holz wird für Einlegearbeiten verwendet. Aus Holz, Rinde und Wurzeln kann ein gelber Farbstoff gewonnen werden, der früher zum Gelbfärben von Leder und Wolle verwendet wurde. Die sauer schmeckenden Beeren benutzt man vielfach als durststillende Beigabe zu Getränken. Sie haben einen hohen Gehalt an Apfel-, Zitronen- und Weinsäure. Sie stellten auch ein Heilmittel bei Rheuma- und Gallenbeschwerden dar. Die Berberitze ist der Zwischenwirt des Getreideschwarzrostes, weshalb der Strauch in Getreideanbaugebieten ausgerottet wurde. Bei Befall mit diesem Pilz kann man vor allem auf der Unterseite der Blätter im Sommer viele orangegelbe Flecken erkennen, die Übertragungskeime (Aecidiosporen) enthalten. Die Krankheit wird auch von Ziersträuchern aus der Familie Berberitzengewächse übertragen, die man in Anlagen und auf Friedhöfen kultiviert.

Gemeine Waldrebe
Clematis vitalba L.

Familie: Ranunculaceae – Hahnenfußgewächse
Name: *Clematis* von *klema* = griech., die Ranke; *vitis* = lat., Ranke, Rebe, *alba*= lat., weiß, hell (Blüten)
Verbreitung und Vorkommen: Die Waldrebe kommt in warmen Gebieten Europas, in Kleinasien und im Kaukasus vor und hat sich durch den Menschen auch in Nordamerika ausgebreitet. Sie bevorzugt lichte Wälder, Hekken und Gebüsche besonders auf Kalkböden, ist aber auch in den Hartholzauen der Stromtäler anzutreffen. Zum Gedeihen benötigt sie warme Sommer.
Wuchs und Blätter: Der Strauch stellt eines der wenigen Lianengewächse Mitteleuropas dar und kann an geeigneten Stützpflanzen über 10 m hoch wachsen. Mit den Blattstielen, die sich bei Berührung mit einem Gegenstand, z. B. Ästen von Bäumen, allmählich krümmen und diesen umwickeln, vermag sie sich stufenweise hochzuschieben und junge, langsamer wachsende Bäume zu erdrücken. Die gegenständigen Blätter sind fünf- bis dreizählig gefiedert, die Fiederblättchen eingeschnitten, gekerbt bis gesägt, selten ganzrandig und im Umriß herz- oder eiförmig. Die Behaarung der Blätter beschränkt sich auf die Nerven der Blattunterseite.
Blüte und Frucht: Die Blütezeit dauert von Juni bis August. Die zwittrigen Einzelblüten haben lange Stiele und stehen in blattwinkel- und endständigen, fast ebensträußigen Trugdolden. Sie besitzen 4 lange, schmale, innen weiße, außen grünliche Blütenblätter. Die Kelchblätter weisen eine beiderseits weißfilzige Behaarung auf. Die Früchte beginnen im September zu reifen und bleiben häufig bis zum Frühjahr am Strauch. Die 3 mm langen Früchte sind abstehend behaart und haben ein 2 bis 3 cm langes, federartig behaartes Flugorgan, das sich aus dem verlängerten Griffel bildet.
Bemerkungen: Die klimmenden Stämmchen können etwa 4 cm Durchmesser erreichen. Das Holz enthält weitlumige Gefäße, wie sie für Lianen typisch sind. Im Wald kann die Art durch Erdrücken ihrer Stützpflanzen, z. B. Fichten- oder Kiefernkulturen, schädlich werden. Alle frischen Teile der Pflanze enthalten einen ätzenden Saft, weshalb die Waldrebe nicht vom Wild verbissen wird. Sie bietet Vögeln und dem Niederwild Sicht- und Dekkungsschutz. Als extremer Spätblüher ist sie auch eine bescheidene Bienenweide. Die Lianen wurden häufig in Pfahlbauten gefunden und dienten vermutlich als Seil zum Binden, wozu sie heute noch stellenweise verwendet werden. In einigen mitteleuropäischen Ländern, vor allem an den natürlichen Arealgrenzen, stellte man die Gemeine Waldrebe unter Schutz.

Kornelkirsche, Herlitze
Cornus mas L.

Familie: Cornaceae – Hartriegelgewächse
Name: *Cornus* = lat., Horn (hartes Holz); *mas* = lat., männlich, im übertragenen Sinne auch für rauh, derb, hart gebraucht
Verbreitung und Vorkommen: Die Kornelkirsche kommt in Kleinasien, Südeuropa und seltener auch in Mitteleuropa vor. Sie bevorzugt als Relikt der nacheiszeitlichen Wärmephase warme Standorte, vor allem auf Kalk, wo sie baumfreie Stellen und lichte Laubmischwälder besiedelt. Häufig wird sie auch als Frühblüher in Anlagen und Gärten angepflanzt.
Wuchs und Blätter: Die Art kann zu einem kräftigen, 2 bis 5 m hohen Strauch, selten auch zu einem bis 8 m hohen Bäumchen heranwachsen und hat ein hohes Ausschlagsvermögen. Ihre Zweige sind jung grün, zuweilen leicht kantig und schwach behaart, verkahlen aber bald. Die 5 bis 10 cm langen, eiförmig bis elliptischen Blätter mit ausgezogener Spitze sitzen auf kurzen, bis 1 cm langen, etwas behaarten Stielen. Die Oberseite ist lebhaft grün, etwas glänzend und schwach angedrückt behaart, die Unterseite heller, etwas stärker behaart, meist mit Haarbärtchen in den Nervenwinkeln. Die Nerven verlaufen bogig gekrümmt zur Blattspitze.
Blüte und Frucht: Die Blütezeit kann schon lange vor Laubausbruch, Ende Februar, beginnen, meist liegt sie aber im März. Die kleinen, goldgelben, vierzähligen Blüten sind in Dolden vereinigt. Die leuchtend kirschrote Frucht reift im September. Sie ist etwa 2 cm lang, eßbar und hat einen Steinkern. Doch schmeckt sie nicht besonders gut.
Bemerkungen: Das Holz der Kornelkirsche mit rotbraunem Kern stellt ein gesuchtes Drechslerholz dar. Aus ihm wurden die ehemals begehrten »echten Ziegenhainer Spazierstöcke« gefertigt (die »falschen Ziegenhainer« aus Weißdorn). Schon zu Homers Zeiten fertigte man aus diesem Holz Lanzenschäfte. Die Früchte haben ein säuerlich-süßes Fleisch, aus dem früher Marmelade bereitet wurde. Am besten schmecken sie nach der Vollreife, wenn sie vom Strauch abgefallen sind. Der Strauch gehörte früher zum Bestand der Klostergärten. Die meisten Sträucher stehen auch heute in Anlagen. In warmen Gebieten ist die Kornelkirsche rauchhart und würde sich auch als Unterholz in schmalen Flurgehölzreihen eignen. Gebietsweise stellte man in Mitteleuropa die Wildvorkommen unter Schutz.

Blutroter Hartriegel
Cornus sanguinea L.

Familie: Cornaceae – Hartriegelgewächse
Name: *Cornus* = lat., Horn (hartes Holz); *sanguinea* = lat., blutig, blutfarben (Zweige und Herbstfärbung der Blätter)
Verbreitung und Vorkommen: Die Art kommt in Mittel- und Südeuropa sowie in Kleinasien und im Kaukasus vor. In Mitteleuropa ist der Strauch häufig an trockenwarmen Standorten, besonders über Kalkstein, in Hecken und lichten Wäldern, auch in frischen Auwäldern anzutreffen.
Wuchs und Blätter: Der Strauch kann bis 4 m hoch werden und hat knickig gebogene, sparrige Äste. Er bildet reichlich Absenker und Wurzelbrut und hat ein hohes Stockausschlagsvermögen. Die in der Sonne blutroten, im Schatten gelbgrünlichen Zweige sind jung kurz angedrückt behaart und verkahlen rasch. Die gegenständigen, 4 bis 8 cm langen, breit-elliptisch bis eiförmigen, kurz zugespitzten Blätter sitzen auf etwa 1 cm langen Stielen und haben beiderseits 3 bis 4 Seitennerven, die bogig zur Spitze verlaufen. Oberseits sind sie kurz angedrückt behaart, unterseits bläulichgrün und ebenfalls behaart, aber ohne Haarbärtchen in den Nervenwinkeln.
Blüte und Frucht: Die weißen, vierblättrigen, in Trugdolden vereinten Blüten erscheinen im Mai bis Juni, selten nochmals im September. Die kugelige, nicht ganz erbsengroße, schwarzblaue Frucht mit hellen Punkten ist ungenießbar.
Bemerkungen: Das rötliche bis dunkelbraune Kernholz war ein wertvolles, hartes, zähes Drechslerholz. Es wurde lange Zeit für Köpfe und Röhren von Tabakspfeifen benutzt. Die Früchte lieferten Farbstoffe, z. B. zum Graufärben von Handschuhleder. Die Samen enthalten 30 bis 50 % Öl, das meist zu Brennzwecken oder zur Seifenherstellung diente, notfalls auch als Speiseöl verwendet werden konnte. Früchte des Hartriegels lassen sich bereits in Pfahlbausiedlungen nachweisen. In warmen Gebieten ist die Art ziemlich rauchhart. In der Jugend erträgt sie viel Schatten, und sie eignet sich als Unterwuchs in Windschutzstreifen. Der Strauch findet auch zur Festigung von neutralen bis basischen Steilhängen Verwendung.

Hasel, Haselnuß
Corylus avellana L.

Familie: Corylaceae – Haselgewächse
Name: *Corylus* = lat. Artname; *avellana* = lat., avellanisch (nach der Stadt Abella in Kampanien)
Verbreitung und Vorkommen: Die Hasel ist von Südskandinavien bis Südeuropa und Kleinasien verbreitet. In Mitteleuropa bevorzugt sie warme Gebiete, kräftige Böden und lichte Stellen, besonders Waldränder und Hecken.
Wuchs und Blätter: Der Großstrauch kann 3 bis 6 m hoch werden, bildet in Kultur selten auch kleine Bäumchen und weist viele Stockschößlinge auf. Die Zweige tragen eine grüne bis olivbraune, drüsig-borstig behaarte Rinde. Das Mark ist meist dreieckig. Die rundlich-eiförmigen und zugespitzten, etwa 7 bis 13 cm langen Blätter sitzen auf einem kurzen, borstig behaarten Stiel. Sie sind scharf doppelt gesägt, gelegentlich auch gelappt, jung beiderseits behaart, verkahlen aber im Laufe der Vegetationszeit. Die länglich-eiförmigen Nebenblätter sterben bald ab.
Blüte und Frucht: Die eingeschlechtlichen Blüten öffnen sich im Februar bis März. Die ♂ Blüten sind in bräunlichgrünen Kätzchen vereinigt und werden schon im Spätsommer angelegt. Die ♀ Blüten ähneln den Laubknospen, aus denen im Frühjahr die purpurroten, etwa 5 mm langen, fadenförmigen Narben herausragen. Die Frucht ist eine einsamige Nuß, die in einem Becher (Cupula) sitzt, der die Spitze der Nuß nicht bedeckt. Manche kultivierte Haselnüsse haben Früchte, die von der Hülle bedeckt bleiben. In Ortsnähe trifft man solche Sträucher öfter verwildert an. Die Verbreitung erfolgt durch Eichhörnchen, Spechte und Häher.
Bemerkungen: Das helle, leichte, zähe und biegsame Holz wurde zu groben Flechtruten, Faßreifen und Klärspänen bei der Essigbereitung verwendet. Gegabelte Haselruten wurden als sogenannte Wünschelruten von den Rutengängern bevorzugt. Die Nüsse enthalten bis zu 50 % ein wertvolles Speiseöl. Die Hasel ist rauchhart, hat ein hohes Staubfangvermögen und wird vom Wild nicht verbissen. Der Pollen stellt eine wichtige Bienenweide dar. Von der Haselnuß gibt es viele Gartenformen, die auch verwildern können. Mit dem Wiedereinzug der Hasel begann vor rund 8000 Jahren die nacheiszeitliche Wärmezeit. Mitteleuropa wurde von lichten Laubmischwäldern ohne Rotbuche bedeckt. Der damals vorherrschende Blütenstaub der Hasel bot für die zeitliche Einordnung der Moorprofile bei Pollenanalysen den ersten Anhaltspunkt. Es war kulturgeschichtlich die Zeit des Mesolithikums.

Gemeine Zwergmispel, Echte Zwergmispel, Bergmispel
Cotoneaster integerrimus MED.

Familie: Rosaceae – Rosengewächse
Name: *Cotoneon* = griech., Quitte; *aster* = lat., unecht oder nur ähnlich; *integerrimus* = lat., ganzrandig (Blätter)
Verbreitung und Vorkommen: Die häufig im östlichen Mittelmeergebiet anzutreffende Zwergmispel ist in Mitteleuropa selten und kommt im nördlichen Mitteleuropa kaum noch natürlich vor. Sie bevorzugt lichte, warme Orte, vor allem felsige Hänge auf Kalkgestein. In den Alpen kann die Art bis zur Baumgrenze gedeihen. Da sie im Schatten sehr konkurrenzschwach ist, wird sie hier bald verdrängt.
Wuchs und Blätter: Der kleine, selten über 1 m hohe Strauch mit sparrigen, dünnen Ästen, die vielfach verzweigt sind, hat jung gelbgrüne, filzig behaarte Zweige, die im Laufe des Sommers verkahlen. Die kleinen, eiförmigen bis rundlichen, etwa 2 bis 5 cm langen Blätter sitzen auf einem kurzen, 1 bis 3 cm langen Stiel.
Blüte und Frucht: Die Blüten erscheinen meist Mitte Mai. Sie stehen in wenigblütigen (zu 2 bis 4), etwas hängenden Doldentrauben mit lockerfilzig behaarten Stielen. Die etwa 3 mm langen, rotbraunen Kelchblätter sind am Rande behaart und die Blumenblätter weiß bis rötlich. Die Frucht ist leuchtend rot, klein, etwa erbsengroß, apfelähnlich mit meist 3 Kernen. Vereinzelt kommen auch gelbe bis dunkelblaue Früchte vor.
Bemerkungen: *Cotoneaster*-Arten werden häufig in Gärten angepflanzt und können in Ortsnähe verwildert angetroffen werden. Manche von ihnen sehen der Zwergmispel ähnlich und geben zu Verwechslungen Anlaß. *Cotoneaster integerrimus* selbst wird nur selten in Steingärten kultiviert, sonst hat sie aber keine wirtschaftliche Bedeutung gehabt.

Zweigriffliger Weißdorn
Crataegus laevigata (POIR.) DC.
(*C. oxyacantha* mehrere Autoren)

Familie: Rosaceae – Rosengewächse
Name: *Crataegus* = lat. Name einer uns nicht bekannten Strauchart; *laevigata* = lat., geglättet; *oxyacantha* = griech., spitzdornig
Verbreitung und Vorkommen: Die Art kommt in Mittel- und Südeuropa sowie auch in Nordafrika vor. Sie bevorzugt lichte Standorte auf kräftigen bis mittleren Böden, z. B. Hecken und Waldränder. Da sie etwas Schatten ertragen kann, gedeiht sie auch in lockeren Laubmischwäldern und Kiefernbeständen. Im Gebirge ist sie bis zur Fichtenwaldstufe anzutreffen.
Wuchs und Blätter: Der sehr langsamwüchsige Strauch wird bis 3 m hoch, in Gärten ist er auch baumförmig anzutreffen und erreicht bis 5 m Höhe. Er ist in allen seinen Merkmalen sehr variabel, meist stark verzweigt mit sparrig abstehenden Ästen. Die jung etwas behaarten Zweige weisen einfache Dornen auf, die neben den Blättern sitzen oder an Zweigenden stehen. Die Blätter können sehr verschieden sein. Im allgemeinen sind sie 4 bis 8 cm lang, eiförmig und verschmälern sich in einen keilförmigen Grund mit einem etwa 1 cm langen Stiel. Sie haben beiderseits 3 bis 5 ungleich gesägte Lappen oder können auch fast ganzrandig sein. Wenigstens die unteren Blattnerven sind spindelwärts gebogen.
Blüte und Frucht: Die Blüten erscheinen im Mai, etwa 2 Wochen vor dem Eingriffligen Weißdorn. Sie stehen in aufrechten, acht- bis zwölfblütigen Doldenrispen vereinigt. Die weißen, seltener rosa Blüten haben rote Staubgefäße und 2 bis 3 Griffel im Gegensatz zum Eingriffligen Weißdorn. Die Griffel sind häufig noch gut auf den Früchten zu erkennen. Die Frucht ist eiförmig, etwa erbsengroß, enthält ein mehliges Fleisch mit 2 bis 3 Kernen und reift im September bis Oktober.
Bemerkungen: Das rötliche, sehr harte und zähe Holz wurde gelegentlich von Drechslern verarbeitet. Der Weißdorn hatte als Pfropfunterlage Bedeutung. In Notzeiten mischte man früher die mehligen Früchte, auch Mehlfäßchen genannt, unter das Brotmehl. Blüten und Früchte finden heute bei Herz- und Kreislaufstörungen verbreitet Anwendung. Der Strauch ist rauchhart, hat ein hohes Staubfangvermögen, bildet sichere Vogelschutzhecken und ist eine wertvolle Bienenweide. Leider sind Weißdornarten Überträger von Obstbaumkrankheiten, unter denen die aus Nordamerika stammende Bakteriose Feuerbrand (*Erwinia amylovara*) besonders gefürchtet ist. Der Rotdorn, eine Kulturart mit dunkelroten Blüten, wird häufig an Straßen und in Gärten angepflanzt. Es kommen Bastarde mit dem Eingriffligen Weißdorn vor. Sie erschweren die Bestimmung, da sie teilweise einer der beiden Arten sehr ähnlich sein können.

Eingriffliger Weißdorn
Crataegus monogyna Jacq.

Familie: Rosaceae – Rosengewächse
Name: *Crataegus* = lat. Name einer uns nicht bekannten Strauchart; *monogyna* von *monos* = griech., eins, und *gyne* = griech., Weib (ein Fruchtblatt und ein Griffel)
Verbreitung und Vorkommen: Die Art kommt in Mittel- und Südeuropa vor. Sie zeigt eine östliche Ausbreitungstendenz bis Sibirien. In Mitteleuropa ist sie an warmen Standorten anzutreffen, aber seltener als der Zweigriffflige Weißdorn.
Wuchs und Blätter: Der Strauch ähnelt dem Zweigriffligen Weißdorn. Die jungen Zweige können etwas behaart sein. Die drei- bis fünflappigen bis fiederteiligen Blätter sitzen auf 1 bis 2 cm langen, jung zottig behaarten, oberseits rinnigen Blattstielen. Die untersten Einschnitte der Blätter reichen fast bis zur Mittelrippe, und die Lappen sind überwiegend ganzrandig. Zumindest die untersten Seitennerven biegen sich abwärts. Die oberseits dunkelgrüne Blattspreite ist an den Nerven schwach , unterseits in den Nervenwinkeln dauernd behaart. Die relativ großen, nierenförmigen, zerschlitzt-gesägten Nebenblätter bleiben bis zum Herbst erhalten.
Blüte und Frucht: Die Blüten erscheinen etwa 2 Wochen nach dem Zweigriffligen Weißdorn im Mai bis Juni. Blütenstiel, Blütenboden und Griffelumgebung sowie die Kelchzipfel sind im Gegensatz zum Zweigriffligen Weißdorn behaart. In der Blüte ist nur ein Griffel zu erkennen. Die Frucht ähnelt der des Zweigriffligen Weißdorns, hat aber nur einen Kern.
Bemerkungen: Der Eingrifflige Weißdorn neigt eher zu Baumwuchs als der Zweigrifflige Weißdorn und wurde häufig an Straßen als kleiner Alleebaum vor allem innerhalb der Siedlungen angepflanzt, wobei rote und gefüllte Blüten bevorzugt werden. Daher stammt auch die volkstümliche Bezeichnung »Rotdorn«. Bastarde mit gärtnerischen Zierformen oder mit dem Zweigriffligen Weißdorn sind häufig und erschweren die sichere Bestimmung der Art oft erheblich. Beide Weißdornarten können überdies in mehrere Kleinarten untergliedert werden, sind also bezüglich ihrer Bestimmungsmerkmale variabel. Als Pfropfunterlage für langsamwachsende, frostempfindliche Obstarten, z. B. die Quitte, fand der Strauch auch Eingang in die Baumschulen.

Seidelbast, Kellerhals
Daphne mezereum L.

Familie: Thymelaeaceae – Spatzenzungengewächse
Name: *Daphne* = griech., Lorbeer (diesem ähnliche Blätter); *mezereum* vielleicht von persisch *mazeriyn* = töten, weil die Pflanze sehr giftig ist
Verbreitung und Vorkommen: Der Seidelbast wird von Europa bis Sibirien angetroffen und gehört zu einer Gattung, die mehr als 50 Arten umfaßt. In Mitteleuropa kommt er meist nur verstreut vor. Auf reichen, meist kalkhaltigen Böden, vor allem in Laub- und Bruchwäldern, ist er stellenweise noch häufig. Allerdings fehlt er in weiten Gebieten und mußte unter Schutz gestellt werden.
Wuchs und Blätter: Der 50 bis 100 cm hohe, gelegentlich auch höher werdende giftige Strauch hat meist spärliche, spitzwinklig aufsteigende Äste. Die jungen, gelb- bis graubraun berindeten Zweige sind fein bewimpert und tragen einen seidigen, weichen Bast (Name!). Die an den Zweigspitzen büschlig gehäuften, fast sitzenden Blätter mit einer 3 bis 8 cm langen Spreite sind am Grund keilförmig verschmälert, im Umriß lanzettlich und über der Mitte am breitesten. Der Rand der Spreite ist zuweilen etwas flaumig bewimpert.
Blüte und Frucht: Die Blütezeit liegt im März. Die rosa, selten weißlichen Blüten erscheinen vor den Blättern, sitzen meist zu 2 bis 3 an den Langtrieben und haben eine becherförmige, vierzipflige Blütenhülle, die durch die Kelchblätter gebildet wird. Blütenblätter im engeren Sinne weist der Seidelbast nicht auf. Die 8 Staubgefäße stehen zu je 4 auf Lücke übereinander an der Becherwand. Der von den Blüten erzeugte Duft kann in Einzelfällen, z. B. im Zimmer, heftige Kopfschmerzen hervorrufen. Die leuchtend roten, etwa erbsengroßen Früchte sind sehr giftig für den Menschen, werden aber von Vögeln gern verzehrt.
Bemerkungen: Der Strauch hat keine wirtschaftliche Bedeutung. Der Saft aller seiner Teile wirkt ätzend auf die Haut. Der Name »Kellerhals« soll sich von »den Hals quälend« ableiten. Wegen seiner Seltenheit wurde er unter Naturschutz gestellt. Als Zierpflanze in Hausgärten ist er allerdings sehr verbreitet, wobei jedoch gärtnerische Kulturformen bevorzugt werden.

Europäisches Pfaffenhütchen, Spindelbaum
Euonymus europaea (L.)

Familie: Celastraceae – Baumwürgergewächse
Name: *Euonymus* von *eu* = griech., gut, und *onoma* = griech. Name; *europaea* = lat., in Europa wachsend
Verbreitung und Vorkommen: Die vor allem in Mittel- und Südeuropa verbreitete Art kommt auch in Kleinasien bis Mittelsibirien vor. Sie gedeiht besonders auf lichten Standorten mit kräftigen Böden und ist für wärmere Gebiete charakteristisch. Bezüglich des Wasserhaushalts des Bodens ist sie ziemlich indifferent.
Wuchs und Blätter: Das Pfaffenhütchen wächst meist als höherer Strauch, manchmal auch als kleines Bäumchen bis etwa 5 m Höhe. Die grünen, später braungrünen Zweige sind durch Korkleisten etwas vierkantig. Die einjährigen Triebe haben am unteren Ende nur wenig auffallende Korkwarzen. Die bis 10 cm langen, eiförmigen bis elliptischen Blätter mit kerbig gesägtem Rand stehen gegenständig. Ihre Oberseite ist dunkelgrün, die Unterseite etwas blaugrün. Im Herbst verfärben sie sich auffallend gelb bis leuchtend rot.
Blüte und Frucht: Die Blüten erscheinen im Mai bis Juni in rispigen, langgestielten Trugdolden gehäuft, mit 4 länglichen, gelblichgrünen Blumenblättern. In manchen Blüten kann eines der beiden Geschlechter verkümmert sein. Die 4 weißen, giftigen Samen sind in einer auffallend purpur- bis rosaroten, vierklappigen, fleischigen Hülle eingeschlossen und werden vom orangefarbenen Fruchtbecher umgeben. Sie keimen erst nach mehreren Jahren.
Bemerkungen: Das gelbe, harte und zähe Holz wurde früher zu Spindeln (Spindelbaum) verarbeitet. Bis vor kurzem war das Holz auch von Schuhmachern gesucht, die aus ihm hergestellte Holznägel für die Befestigung der Schuhsohlen verwendet haben. Wie alte Florenwerke ausweisen, ist dadurch der früher häufige Strauch gegendweise fast ausgerottet worden. Die Früchte waren, in Fett verrieben, ein verbreitetes Mittel gegen Kopfläuse. Die Samen enthalten 50 bis 60 % Öl, aus dem man Seife herstellte. Die Wurzelrinde enthält 10 bis 15 % Guttapercha. Die Art ist Zwischenwirt von Weidenrostarten und Brutstätte der Rüben- und Bohnenblattlaus, deshalb besteht gegendweise Anbauverbot in Flurgehölzen.

Breitblättriger Spindelbaum
Euonymus latifolia (L.) Mill.

Familie: Celastraceae – Baumwürgergewächse
Name: *Euonymus* von *eu* = griech., gut, und *onoma* = griech. Name; *latifolia* = lat., breitblättrig
Verbreitung und Vorkommen: Die Art ist in den Alpen und deren Vorland verbreitet und kommt bis zum Kaukasus vor. Man trifft sie im mittleren Mitteleuropa auch aus Gärten verwildert an.
Wuchs und Blätter: Der 3 bis 5 m hohe Strauch hat lange, rutenförmige, rundlich-ovale, selten etwas vierkantige, grüne Zweige, die später rötlichbraun werden und lange, spitze Knospen tragen. Die bis 12 cm langen und etwa 5 cm breiten, elliptisch zugespitzten Blätter sind am Rand fein gesägt und kahl. Wegen der auffallend roten Herbstfärbung wird die Art häufig angepflanzt.
Blüte und Frucht: Die in der Regel fünfzähligen, relativ großen (Durchmesser etwa 2 cm) Blüten erscheinen im Mai bis Juni. Sie bilden lockere Trugdolden und haben lange, dünne Stiele. Die Blütenblätter sind auf der Innenseite hellgrün, außen rötlich bis braun. Die meist fünfkantige, geflügelte Frucht enthält den weißen, giftigen Samen, der in einem gelbroten Fruchtbecher eingeschlossen ist.
Bemerkungen: Das Holz dieser Art besitzt ähnliche Eigenschaften wie dasjenige des Europäischen Pfaffenhütchens und wurde wie dieses verwendet. Schon vor 1700 war die Art mit den eigenartigen Früchten und der schönen Herbstfärbung eine Gartenpflanze, die im Freistand reich blüht und fruchtet.

Warziger Spindelbaum
Euonymus verrucosa Scop.

Familie: Celastraceae – Baumwürgergewächse
Name: *Euonymus* von *eu* = griech., gut, und *onoma* = griech. Name; *verrucosa* = lat., warzig, rauh
Verbreitung und Vorkommen: Die Art hat ihre Hauptverbreitung im gemäßigten bis warmen Südosteuropa bis Vorderasien. Im südlichen Mitteleuropa kommt sie auch noch verstreut in lichten Laubmischwäldern vor.
Wuchs und Blätter: Der aufrechte, sparrig wachsende Strauch wird selten über 2 m hoch. Seine dünnen, runden Zweige sind dicht mit dunkelbraunen bis schwarzen, kleinen Korkwarzen besetzt. Die etwa 5 cm langen, eiförmigen oder elliptisch zugespitzten, beiderseits meist kahlen Blätter sind am Rand meist feinkerbig gesägt.
Blüte und Frucht: Die Blüten erscheinen im Mai bis Juni in drei- bis siebenblütigen Rispen. Die in der Regel tiefvierlappige Einzelblüte hat auf der Innenseite grünliche Kronblätter mit braunroten Punkten. Die gelbliche, vierklappige Samenkapsel zeigt beim Öffnen einen dunkelroten Arillus, der die schwarzen Samen halb einschließt.
Bemerkungen: In den Knospen des Warzigen Spindelbaumes überwintert ebenfalls die Schwarze Bohnenblattlaus. Deshalb bestehen Anbaubeschränkungen in Flurgehölzen von Ackerbaugebieten. Allerdings sind die Vorkommen dieser Strauchart in Mitteleuropa so selten, daß im Gegensatz zu anderen Spindelbaumarten kaum eine Gefahr durch sie für den Feldgemüsebau besteht.

Faulbaum, Pulverholz
Frangula alnus Mill. (*Rhamnus frangula* L.)

Familie: Rhamnaceae – Kreuzdorngewächse
Name: *Frangula* = lat., zerbrechlich, brüchig (Holz); *alnus* = lat., Erle, im Sinne von erlenähnlich
Verbreitung und Vorkommen: Der Faulbaum ist in ganz Europa bis in die nördlichen Nadelwälder und Sibirien verbreitet. Man trifft ihn auf unterschiedlichen Standorten, wie auf saueren, nassen und trockenen Böden, an, und er fehlt selbst auf Kalkböden nicht. Im Gebirge kommt er bis in die Fichtenwaldstufe vor.
Wuchs und Blätter: Der kräftige, sparrige, bis zu 3 m hohe Strauch wächst selten auch als kleines Bäumchen mit ziemlich glatter, dunkelbrauner bis schwarzer Rinde. Die jung etwas behaarten, hellgraubraunen Zweige haben auffallende längliche, helle Lentizellen. Die innen hellgelbe Rinde riecht streng und faulig. Die eiförmigen bis elliptischen, 4 bis 7 cm langen und stumpf bis kurz zugespitzten Blätter sitzen auf einem kurzen, etwas behaarten Stiel. Die 6 bis 9 Blattnervenpaare sind am Rand spitzenwärts gebogen. Der etwas wellige Blattrand ist an der Spitze gelegentlich gering gezähnt und die Unterseite der Blätter häufig schwach behaart.
Blüte und Frucht: Die ersten Blüten erscheinen im Mai. Sie können auch während des ganzen Sommers bis zum September auftreten und stehen in zwei- bis sechs- (bis zehn-)blütigen, blattachselständigen Trugdolden zusammen. Die unscheinbaren, grünlichweißen Einzelblüten umhüllen mit ihren Kronblättern kapuzenförmig die kleinen Staubblätter, während die größeren, blütenblattähnlichen Kelchblätter auf dem trichterförmigen Achsenbecher sitzen. Die etwa erbsengroßen, zuerst grünen, dann roten, später schwarzen, ungenießbaren Früchte können in allen Reifestadien gleichzeitig am Zweig vorkommen.
Bemerkungen: Das Holz des Faulbaumes mit einem gelbroten Kern lieferte früher die beste Holzkohle zur Schwarzpulverbereitung (Pulverholz). Die Rinde wirkt frisch brecherregend, während sie, über ein Jahr gelagert, noch heute als wirksames Abführmittel dient, das erst im Dickdarm zu wirken beginnt und die empfindlichen Darmteile nicht reizt. Der Strauch mit seiner langen Blütezeit stellt eine bescheidene Bienenweide dar. Er ist ziemlich rauchhart und wird deshalb in Industriegebieten gern angepflanzt.

Deutscher Ginster
Genista germanica L.

Familie: Fabaceae (Papilionaceae) – Schmetterlingsblütengewächse
Name: *Genista* = römischer Name einer Ginsterart; *germanica* = in deutschem Gebiet wachsend
Verbreitung und Vorkommen: Der Deutsche Ginster ist vorwiegend in Mitteleuropa anzutreffen. Er besiedelt trockene, sandige Böden an Waldrändern sowie in lichten Eichen- und Kiefernwäldern. Auch auf extensiv genutztem Grünland und forstlichen Kulturflächen kommt er vor.
Wuchs und Blätter: Der kleine Strauch mit niederliegenden Ästen weist meist dornige Kurztriebe auf. Sie sind ein gutes Unterscheidungsmerkmal gegenüber dem Behaarten Ginster. Die blütentragenden und dornenlosen, grünen, vor allem jung behaarten und etwas gefurchten Zweige stehen aufrecht und werden etwa 50 bis 70 cm hoch. Die 1 bis 2 cm langen Blätter der aufrechten Zweige sind kaum gestielt und elliptisch mit rauhhaarig gewimpertem Blattrand. Die Unterseite der Blätter hat besonders an der Mittelrippe eine lockere Behaarung, während man die Seitennerven kaum sieht.
Blüte und Frucht: Die Blüten entwickeln sich von Ende Mai bis Anfang Juni. Fast alle aufrechten Zweige tragen eine endständige, etwa 5 cm lange, vielblütige Traube mit goldgelben Blüten, deren pfriemliche Deckblätter nur halb so lang werden wie die Blütenstiele. Diese und der Kelch sind abstehend rauhhaarig. Die schwarzbraune Fruchthülse ist länglich-oval bis rautenförmig, etwa 1 cm lang und rauhhaarig. Sie enthält 2 bis 5 flache, glänzend braune Samen.
Bemerkungen: Die Sprosse enthalten einen gelben Farbstoff, der heute nicht mehr genutzt wird. Wuchs und Bedornung können sehr variabel sein und das Erkennen erschweren. Jüngere Pflanzen haben oft noch keine Dornen, besonders an schattigen Standorten.

Haarginster, Heideginster
Genista pilosa L.

Familie: Fabaceae (Papilionaceae) – Schmetterlingsblütengewächse
Name: *Genista* = römischer Name einer Ginsterart; *pilosa* = lat., behaart
Verbreitung und Vorkommen: Der Haarginster hat seine Hauptverbreitung im westlichen Mitteleuropa und wird an Oder und Neiße schon selten. Man findet ihn in trockenen Kiefernforsten, lichten Eichenwäldern und besonders auf Heideflächen an sonnigen, trockenen Stellen. Er ist kalkmeidend.
Wuchs und Blätter: Die niederliegenden, im Gegensatz zum Deutschen Ginster stets dornenlosen Stämme und Äste bewurzeln sich wieder. Die aufwärts strebenden jungen Triebe werden etwa 30 cm hoch. Sie sind kantig bis rundlich, schwach gerieft, jung stets fein und angedrückt behaart. Die länglich-lanzettlichen bis eiförmigen Blätter mit sehr kurzen, behaarten Blattstielen werden 0,5 bis 1,5 cm lang. Ihre Oberseite ist kahl, die Unterseite jung seidenhaarig, aber rasch verkahlend. Die Pflanze trägt jedoch keine so starke Behaarung, wie der Name vermuten läßt.
Blüte und Frucht: Die Blüten erscheinen von Ende Mai bis Anfang Juli. Im Herbst findet häufig eine schwache Nachblüte statt. Die leuchtend goldgelben Blüten sitzen zu 1 bis 2, selten auch zu 3 blattachselständig an Kurztrieben. Sie scheinen zu einem lockeren,.traubenartigen Blütenstand an den Zweigenden vereinigt zu sein. Fahne und Kiel der Blüten sind an der Außenseite drüsig bahaart. Die länglich-ovalen, 1,5 bis 3 cm langen, braunen Hülsen mit silbergrauer Behaarung enthalten 4 bis 8 Samen.
Bemerkungen: Der Haarginster stellt eine bescheidene späte Bienenweide dar. Er ist rauchfest, fördert jedoch Bodenfeuer und begünstigt Waldbrände. Er kann durch Stecklinge vermehrt werden.

Färberginster
Genista tinctoria L.

Familie: Fabaceae (Papilionaceae) – Schmetterlingsblütengewächse
Name: *Genista* = römischer Name einer Ginsterart; *tinctoria* von *tingere* = lat., eintauchen, färben
Verbreitung und Vorkommen: Der Färberginster ist im gemäßigten und südlichen Mitteleuropa verbreitet und kommt bis zum Ural und Kaukasus vor. Er besiedelt trockene Magerrasen und lichte Wälder geringer bis mittlerer Nährkraft. Als ehemalige Kulturpflanze dürfte er möglicherweise in vielen Gegenden nur verwildert sein.
Wuchs und Blätter: Die Art bildet bis 1 m hohe, lockere Büsche mit dünnen, aufrechten, dornenlosen, rundlichen, leicht gefurchten, 30 bis 60 cm langen Zweigen, die jung schwach behaart sein können. Die 1 bis 2,5 cm langen, länglich-elliptischen Blätter sitzen fast und sind am Rand kurz bewimpert. Nur auf der Unterseite können sie jung geringe Behaarung aufweisen. Von der Mittelrippe gehen wenige, aber kräftige Seitennerven aus. Kurze, linealpfriemliche Nebenblätter trifft man öfter an.
Blüte und Frucht: Die goldgelben Blüten erscheinen von Juni bis August. Sie bilden an der Spitze der Zweige 2 bis 6 cm lange, endständige Trauben, die dann zu mehreren rispenartig gehäuft erscheinen. Kelch und Blüten haben keine Behaarung. Die 2 bis 3 cm langen, linealisch zugespitzten Hülsen mit etwas welligem Rand enthalten 6 bis 10 dunkelbraune, rundliche Samen.
Bemerkungen: Die Blüten des Färberginsters stellen eine bescheidene, späte Bienenweide dar. Zweige, Blätter und Blüten wurden früher häufig zum Gelbfärben von Wolle und Leinen benutzt (wegen ihres Gehaltes an Genistein und Luteolin). Auf dem Cytisingehalt beruhte ihre frühere Verwendung als Heilpflanze. Der Strauch ist sogar gegendweise angepflanzt worden. Von der Art gibt es mehrere Gartenformen als Ziersträucher, die verwildert angetroffen werden können. Vom Weidevieh wird die Art gemieden. Der bittere Geschmack der Blätter teilt sich der Milch und ihren Folgeprodukten mit.

Flügelginster, Pfeilginster
Genistella sagittalis (L.) Gams
(*Chamaespartium sagittale* (L.) P. Gibbs)

Familie: Fabaceae (Papilionaceae) – Schmetterlingsblütengewächse
Name: *Genistella* = lat., kleiner Ginster; *sagittalis* = lat., pfeilig
Verbreitung und Vorkommen: Das Hauptverbreitungsgebiet der Art liegt im südwestlichen Europa. In Mitteleuropa gedeiht sie noch zerstreut im südlichen Diluvialgebiet bis zum Alpenrand. Nach Osten trifft man die für Winterfrost empfindliche Pflanze bis etwa zur Elbe an. Sie bevorzugt saure Böden trockener, lichter Wälder und extensiv genutzte Weideflächen.
Wuchs und Blätter: Der immergrüne Flügelginster mit einem niederliegenden Stengel treibt dicht stehende 15 bis 30 cm hohe, aufrechte, zweischneidige und breit geflügelte Äste. Die Flügel sind an den Stellen deutlich eingekerbt, wo die wechselständigen, zweireihig angeordneten, etwa 1 bis 2 cm langen, oval-lanzettlichen, rauh behaarten Blätter stehen. Sie fallen häufig frühzeitig ab.
Blüte und Frucht: Die goldgelben Blüten erscheinen Ende Mai bis Juli in dichten, endständigen Trauben. Die Frucht ist eine fast gerade bis sichelförmige, meist zottig behaarte Hülse. Gegenüber der Zahl der Blüten sind Früchte wesentlich seltener anzutreffen.
Bemerkungen: In subatlantischen Gebieten wird die Art öfters zum Unkraut, da sie vom Weidevieh gemieden wird. In gepflegten Mähwiesen geht sie zugrunde. Wegen ihres eigenartigen Aussehens wurde sie auch in Steingärten angepflanzt. Sie läßt sich leicht durch Stecklinge vermehren.

Efeu
Hedera helix L.

Familie: Araliaceae – Araliengewächse
Name: *Hedera* = lat. Artname; *helix* von helissein = griech., winden, klettern
Verbreitung und Vorkommen: Der Efeu ist von West- und Südeuropa bis zum Kaukasus verbreitet, östlich der Oder aber im Tiefland sehr selten. Allerdings wurde er häufig angepflanzt. Er bevorzugt kräftige, frische Böden in frostgeschützten Lagen.
Wuchs und Blätter: Die Art kriecht am Boden, bis sie eine Stütze findet, und bildet viele dem Licht abgewandte Wurzeln, die als Haftwurzeln das Emporklettern der Pflanze an Bäumen oder Mauern ermöglichen, einer Stützpflanze aber keine Nährstoffe entziehen. Die Haftwurzeln können sich im Boden zu normalen Wurzeln umbilden, was eine Stecklingsvermehrung erleichtert. Bei den Blättern unterscheidet man die normale drei- bis fünflappige Gestalt und die eiförmig-längliche ohne Lappen, die sich an Blütentrieben bilden. Sie entstehen aber erst oft nach vielen Jahrzehnten. Beide Blattformen sind ledrig-derb, wintergrün und werden 3 bis 4 Jahre alt. Im Winter verfärben sich die Blätter häufig rötlichbraun.
Blüte und Frucht: Die Blütezeit liegt im September, kann sich aber bis November hinziehen. Es blühen nur Sprosse, die ausreichend Licht erhalten. Die unscheinbaren, gelbgrünen Einzelblüten stehen in traubig angeordneten Dolden vereinigt. Die kleinen, kugeligen, drei- bis fünfsamigen Beeren bleiben den Winter über grün, färben sich zur Reifezeit im Frühjahr braun und dann schwarzblau. Sie sind ungenießbar und schwach giftig.
Bemerkungen: Der Efeu kann über 500 Jahre alt werden. Bei den Griechen galt er als Symbol der Lebensfreude und war dem Dionysos heilig. Für die frühen Christen stellte der immergrüne Strauch das Symbol des ewigen Lebens dar und wurde verbreitet auf Gräbern, an Kirchen und Klöstern angepflanzt. Der deutsche Name, auch Epheu geschrieben, stammt vielleicht von »iv« (ewig) und »heu« (Laub) ab. Die Früchte und Blätter wirken brechерregend, doch wird aus Efeu ein geschätztes Heilmittel gegen Bronchialerkrankungen gewonnen. Aus dem porösen, aber harten, polierfähigen Holz fertigte man früher Klärbecher vor allem zum Filtrieren von Wein an. Als immergrüne Art ist die Pflanze recht rauchhart. Sie kann leicht durch Stecklinge zur Bodenbegrünung, auch an Böschungen und im Schatten angepflanzt werden. Als extremer Spätblüher stellt sie eine bescheidene Bienenweide dar. Vögel nisten gern im Laub der hochwachsenden Stämme.

Sanddorn, Stranddorn
Hippophaë rhamnoides L.

Familie: Elaeagnaceae – Ölweidengewächse
Name: *Hippophaë* vielleicht von *hippos* = griech., Pferd, *phaios* = griech., braun; *rhamnoides* = griech., kreuzdornähnlich
Verbreitung und Vorkommen: Der Sanddorn ist in Europa und Asien an lichten Stellen auf kiesigem, sandigem Boden weit verbreitet. Auch auf Kalk, z. B. an Gebirgsflüssen, und an Meeresküsten kommt er vor. Die Art ist ausgesprochen lichtfordernd. Häufig wird sie auch angepflanzt und ist stellenweise verwildert.
Wuchs und Blätter: Die meist bis 2 m hohen Sträucher, seltener kleinen Bäumchen mit sparrig-knickigen Zweigen treiben viele Wurzelausläufer. Die jungen Zweige sind silbergrau und mit filzigen Sternhaaren besetzt, die später rostbraun werden. Die Seitenzweige enden häufig in dornigen Spitzen. Die kurzgestielten, lineal-lanzettlichen und etwa 3 bis 7 cm langen Blätter haben jung oberseits dichtstehende, silbrige Sternhaare. Sie verkahlen aber bald. Die Unterseite der Blätter behält die Sternhaare, die bald eine rostbraune Färbung annehmen.
Blüte und Frucht: An dem zweihäusigen Strauch erscheinen die wenig auffallenden, rotbraunen Blüten im April vor Laubausbruch in den vorjährigen Blattachseln. Sie stehen büschelig gehäuft. Die Einzelblüten sitzen in den Achseln von zwei Schuppenblättern und bilden mit zwei Vorblättern kurze Ähren. Die ♂ Blüten befinden sich am Grund der vorjährigen Triebe und fallen bald ab. Bei den ♀ Blüten wächst die Achse des ährigen Blütenstandes zu einem Laubzweig aus. Die Frucht ist rundlich-eiförmig, etwa erbsengroß und leuchtend gelb bis orangerot. In dem saftigen Fleisch der Scheinbeere liegt eine einsamige Nuß.
Bemerkungen: Der Sanddorn ist frostresistent und windhart. Nach der Eiszeit wanderte er als einer der ersten Sträucher in Mitteleuropa ein. Er ist resistent gegenüber Industrieimmissionen, besitzt ein hohes Staubfangvermögen und erträgt auch Salzwasserüberflutungen. Diese Eigenschaften und sein intensives Wurzelsystem machten ihn zu einem wertvollen Pionierstrauch bei der Befestigung von Geröllschutt und vor allem der Dünen. Ähnlich wie die Erlen hat er eine wachstumsfördernde Wurzelsymbiose mit einem Strahlenpilz, die es ihm ermöglicht, den Stickstoff der Luft zu binden. Der Strauch bietet Vögeln oder Niederwild Sicht- und Deckungsschutz. Die Früchte enthalten Karotin und pro Gewichtseinheit 10- bis 15mal soviel Vitamin C wie die Zitrone. Auch wegen der Schönheit der Früchte wurde er häufig kultiviert, wobei man allerdings oft vergaß, auch männliche Sträucher mit anzupflanzen. Gegendweise ist er fast ausgerottet und mußte unter Schutz gestellt werden.

Stechpalme, Hülse
Ilex aquifolium L.

Familie: Aquifoliaceae – Stechpalmengewächse
Name: *Ilex* = lat. Artname der Steineiche (*Quercus ilex*), wegen der etwas ähnlichen Blätter; *aquifolium* von *acus* = lat., Nadel, Spitze, und *folium* = lat., Blatt
Verbreitung und Vorkommen: Die Art bevorzugt die wintermilden Gebiete West- und Südeuropas. Sie kommt auch in Kleinasien in küstennahen Bereichen vor. In Mitteleuropa wächst sie wild als Unterholz in Laubmischwäldern des Hügel- und Berglandes. Östlich der Oder fehlt sie auch im Küstenbereich. An den Boden stellt sie keine besonderen Ansprüche.
Wuchs und Blätter: Die Stechpalme ist meist ein großer Strauch, in geschützten Lagen sowie im Garten und Park bildet sich auch ein langsamwachsender Baum, der bis 8 m hoch werden kann. Die Zweige sind lange Zeit grün berindet. Die kurzgestielten, 4 bis 8 cm langen ledrig-derben Blätter mit einem gewellten Rand, der stechend dornspitzig gezähnt ist, bleiben 3 Jahre grün. Im höheren Kronenbereich können die Blätter auch fast ganzrandig sein.
Blüte und Frucht: Die kleinen, weißen, zuweilen rötlich überlaufenen Blüten erscheinen im Mai bis Juni. Sie sind zweihäusig verteilt, jedoch durch Verkümmern eines Geschlechtes nur unvollkommen eingeschlechtlich. Die ♂ Blüten stehen zu mehreren gehäuft, die ♀ meist einzeln. Die etwa erbsengroße Frucht ist rundlich und leuchtend rot. Sie reift im September und bleibt bis weit in den Winter am Strauch.
Bemerkungen: Die immergrüne Stechpalme galt als Symbol des Lebens und spielte früher im Brauchtum eine große Rolle. Wegen der Früchte und des wintergrünen Laubes wurden die Zweige besonders in der Weihnachtszeit auch für Blumengeschäfte gesammelt. In vielen Ländern mußten daher Schutzbestimmungen erlassen werden. Die Früchte erzeugen nach Genuß heftiges Erbrechen und Durchfall. Deshalb darf der Strauch nicht auf Kinderspielplätzen angepflanzt werden. Er ist für Heckenschnitt gut geeignet. Trotz der Frostempfindlichkeit kann er sich durch sein hohes Ausschlagsvermögen lange halten. In klimatisch günstigen Lagen ist die Art rauchhart, leidet nicht unter Wildverbiß und Mäusefraß und wird teilweise in Windschutzstreifen als Unterholz kultiviert. Da sie auch grün sehr leicht brennbar ist, kann sie die Ausbreitung von Bodenfeuer fördern.

Gemeiner Wacholder
Juniperus communis L.

Familie: Cupressaceae – Zypressengewächse
Name: *Juniperus* = lat. Gattungsbezeichnung; *communis* = lat., gemein
Verbreitung und Vorkommen: Der Gemeine Wacholder ist von Europa über Asien bis Nordamerika verbreitet und kommt auch in Nordafrika vor. In Mitteleuropa bevorzugt die lichtfordernde Art sandige Heiden, steinige Triften oder sehr lichte Kiefernwälder. An den Boden stellt sie keine Ansprüche und gedeiht auf armen Sanden und Ödland, auch auf Kalkgestein.
Wuchs und Nadeln: Der langsamwüchsige, säulen- bis kugelförmige Strauch bildet selten einen kleinen Baum von 5 bis 8 m (10 m) Höhe. Die Stammrinde ist längsrissig, häutig und graubraun. Die Zweige mit rotbrauner, glatter Rinde sind etwas dreikantig. Sie stehen nur zum Teil aufrecht und hängen in jungem Zustand an der Spitze oft über. Die zu 3 in einem Quirl angeordneten, etwa 1 bis 2 cm langen Nadeln sind starr und dornspitzig. Ihre Oberseite ist hellgrün mit einem bläulichweißen Mittelstreifen, die Unterseite stumpf gekielt. Sie bleiben etwa 4 Jahre funktionsfähig.
Blüte und Samen: Die zweihäusig verteilten Blüten erscheinen im März bis April und stehen in den Achseln vorjähriger Nadeln. Die gestielten, 4 bis 5 mm langen ♂ Blüten bilden kleine, kugelige, zur Blütezeit gelbe Kätzchen. Die ♀ Blüten sehen wie kleine Blattknospen aus und haben 3 Samenschuppen. Im ersten Jahr sind sie bis 2 mm lang und grün, erst im zweiten Jahr bilden sich die kugeligen, blauschwarzen, bereiften Beerenzapfen, an deren Scheitel man noch die verwachsenen Ränder der 3 fleischig gewordenen Samenblätter als Leisten erkennt. Die Reifezeit liegt im Oktober. Der Samen keimt erst nach 2 bis 3 Jahren. Seine Verbreitung erfolgt durch Vögel, z. B. die Wacholderdrossel.
Bemerkungen: Das feinringige, biegsame, zähe und dauerhafte Holz mit rötlichgelbem Splint und hellbraunem Kern war von Drechslern und Schnitzern sehr gesucht. Auch die benadelten Zweige wurden zum Räuchern des Fleisches gesammelt. Die intensivere Bewirtschaftung von Weiden und Wäldern verdrängte den Wacholder aus der Landschaft. In vielen mitteleuropäischen Ländern mußte man zu seiner Erhaltung Schutzmaßnahmen erlassen. Die gesammelten Früchte finden Verwendung als Speisewürze, in Westeuropa auch verbreitet zur Branntweinbereitung oder zu Arzneien. Der Strauch ist ziemlich rauchhart sowie unempfindlich gegen Frost und Trokkenheit. Es gibt viele Gartenformen, z. B. säulenförmige, hängende, kriechende und Zwergformen, die sich kreuzen und verwildern können. Die Art spielte eine große Rolle im Brauchtum, woran ihre häufige Erwähnung in Märchen und Sagen erinnert.

Sadebaum, Stinkwacholder
Juniperus sabina L.

Familie: Cupressaceae – Zypressengewächse
Name: *Juniperus* = lat. Gattungsbezeichnung; *sabina* = lat., nach den Sabinern benannt, die von ihm ein Heilmittel herstellten
Verbreitung und Vorkommen: Der Sadebaum kommt in den Gebirgen Südeuropas und in den Alpen vor, wo er auch in der Bergwaldstufe anzutreffen ist. Er wurde jedoch schon seit langem angepflanzt. Die Art ist licht- und trockenheitsliebend, sie gedeiht wild auf Kalk- und Urgestein.
Wuchs und Nadeln: Im Gebirge liegt der Stamm am Boden oder steigt bis 2 m hoch auf. In tieferen Lagen kann der Strauch auch baumförmig (etwa 3 bis 6 m hoch) werden. In Kultur, z. B. im Park und Garten, erreicht er gelegentlich 10 m Höhe. Die Hauptäste bilden viele dünne Zweige mit gelbbrauner Rinde. Die jungen Pflanzen haben bis zum Alter von etwa 10 Jahren fast nur nadelförmige Blätter. Auch an alten Pflanzen kommen gelegentlich spitze, abstehende Nadeln vor. Die normalen Blätter sind schuppenförmig, kreuzweise gegenständig, 1 bis 2 mm lang und liegen dem Zweig an. Ihre Oberfläche ist gewölbt mit einer erhabenen Mittelrippe. Sie strömen vor allem beim Reiben einen unangenehmen Geruch aus (Stinkwacholder).
Blüte und Samen: Die einhäusigen oder unvollkommen zweihäusigen Blüten erscheinen im Mai. An vorwiegend ♂ Pflanzen können besonders an älteren Bäumen auch vereinzelt Beerenzapfen vorkommen. Die an den Zweigenden sitzenden ♀ Blüten sind unscheinbar. Aus ihnen entwickeln sich die etwa erbsengroßen, zuerst grünen, dann braunschwarzen und blaubereiften Beerenzapfen mit nur zwei Furchen als Samenschuppengrenzen an ihrer Spitze. Sie reifen im Herbst oder meist erst im folgenden Frühjahr.
Bemerkungen: Das dauerhafte Holz des Sadebaumes riecht angenehm und hat einen roten Kern. Bereits im sogenannten Capitulare Karls des Großen wurde die Art zum Anbau empfohlen. Den Absud der Blätter verwendete man gegen Hausungeziefer. Mit den getrockneten und pulverisierten Blättern vertrieb man Motten. Auch in der Tiermedizin spielte der Strauch eine Rolle. Trotzdem muß er zu den Giftpflanzen gezählt werden. Da er rauchhart ist, wird er häufig in Anlagen der Großstädte angepflanzt. Von ihm gibt es sehr viele gärtnerische Zierformen, vor allem mit nadelförmigen Blättern.

Zwergwacholder
Juniperus sibirica C. LODDIGES (*J. nana* WILLD.)

Familie: Cupressaceae – Zypressengewächse
Name: *Juniperus* = lat. Gattungsname; *sibirica* = lat., in Sibirien wachsend, *nana* = lat., klein, zwergig
Verbreitung und Vorkommen: Die eigentliche Heimat sind die Polargebiete Eurasiens und Nordamerikas. Weiter im Süden kommt der Strauch im Hochgebirge vor. In Mitteleuropa bevorzugt er die zentralen Teile der Alpen, tritt aber auch in den Sudeten und Karpaten über der Baumgrenze auf. Da die Art leichten Schatten ertragen kann, findet man sie noch in lichten Latschengebüschen.
Wuchs und Nadeln: Der niederliegende, stark verzweigte Strauch wird selten höher als 30 cm. In Gärten kann er allerdings etwa 1 m Höhe erreichen. Oft bewurzeln sich am Boden liegende Äste. Die Zweige sind kurz, etwas dreikantig und häufig wellig gebogen. Die blaugrauen Nadelquirle decken sich dachziegelig, wobei der Abstand etwa 1 mm beträgt. Die 4 bis 8 mm langen, weichen, kahnförmig nach oben gebogenen Nadeln haben eine konkave Oberseite mit breitem, weißem Mittelstreifen. Die Unterseite ist konvex und glänzend grün. Die Nadeln besitzen eine deutliche, nicht stechende Spitze.
Blüte und Samen: Die Blütezeit liegt, je nach Standort, zwischen Juni und August. Da die zweihäusig verteilten Blüten und die Samenzapfen denen des Gemeinen Wacholders gleichen, wurde die Art häufig nur als Subspezies von *Juniperus communis* betrachtet, obwohl die Wuchsform und die Nadeln des Zwergwacholders vom Gemeinen Wacholder erheblich abweichen.
Bemerkungen: Der Zwergwacholder ist die am höchsten steigende Holzpflanze der Alpen, die bis 3700 m Höhe angetroffen werden kann. Das Hauptverbreitungsgebiet sind Hochlagen um 1600 bis 2000 m. In tieferen Lagen treten nicht selten Bastarde mit dem Gemeinen Wacholder auf, die letzterem sehr ähnlich sein können. Auf den Weideflächen der Almen ist er nicht gern gesehen und wird vom Vieh gemieden. Er bietet auch keinen Lawinenschutz.

Sumpfporst, Wilder Rosmarin
Ledum palustre L.

Familie: Ericaceae – Heidekrautgewächse
Name: *Ledum* = lat. Form von griech. *ledon* als Bezeichnung eines Cistrosengewächses; *palustre* = lat., sumpfig, im Moor wachsend
Verbreitung und Vorkommen: Der Sumpfporst ist über die ganze Nordhalbkugel in temperaten und borealen Gebieten verbreitet. In Mitteleuropa meidet er die ozeanischen Gegenden. An seiner Westgrenze, etwa entlang der Elbe, ist er seit langem in stetem Rückgang begriffen. Er besiedelt vorwiegend Hoch- und Waldmoore, selten auch rohhumusreiche, feuchte Kiefernwälder.
Wuchs und Blätter: Der kleine Strauch wird selten über 1 m hoch und hat viele aufsteigende, schwarzbraune Äste. Die jungen rostfilzig behaarten Triebe verkahlen bald. Die immergrünen, ledrigen Blätter sind etwa 3 cm lang, lineal-lanzettlich und kurzgestielt. Ihre dunkelgrüne Oberseite glänzt etwas und weist einen nach unten umgerollten Rand auf. Die Unterseite ist rostrot filzig behaart. Bei feuchter Witterung sind die Blätter abgespreizt, bei Trockenheit und im Winter abwärts gerichtet. Sie haben einen strengen, terpentinähnlichen Geruch.
Blüte und Frucht: Der Blühbeginn setzt in einzelnen Jahren verschieden zwischen Mai und Juli ein. Die weißen, selten etwas rötlichen, meist fünfzähligen Blüten sind zu doldenartigen Blütenständen zusammengefaßt. Die Zahl der Staubblätter kann von 5 bis 10 schwanken. Die Einzelblüten mit etwa 1 cm Durchmesser beginnen bald zu hängen. Die fünffächerige Kapsel ist etwa 5 mm lang, eiförmig und dünnfilzig behaart. Sie öffnet sich an der Basis des Stiels und enthält viele geschwänzte Samen.
Bemerkungen: Die jungen Triebe wurden frisch oder getrocknet zu Pulver verrieben, um Motten oder anderes Hausungeziefer abzuhalten. Vor anderweitiger Verwendung der schwach giftigen Pflanze muß gewarnt werden. Über bestäubende Insekten ist wenig bekannt, die meisten meiden die Blüten. An ihrer sich seit 100 Jahren in stetem Rückgang befindenden Westgrenze wurde die Art unter Schutz gestellt.

Schwärzender Geißklee
Lembotropis nigricans (L.) Griseb.
(*Cytisus nigricans* L.)

Familie: Fabaceae (Papilionaceae) – Schmetterlingsblütengewächse
Name: *Lembotropis* von *lembos* = griech., Fischerkahn, und *tropis* = griech., spitzauslaufender Kiel (Schiffchen der Blüte); *nigricans* = lat., schwärzlich, schwarz werdend
Verbreitung und Vorkommen: Der Schwärzende Geißklee kommt hauptsächlich in Südosteuropa vor und ist in wärmeren kontinentalen Gebieten bis Sibirien anzutreffen. In gemäßigten Gebieten Mitteleuropas bevorzugt er sommerwarme, trockene Standorte an Waldrändern oder lichte Eichen- und Kiefernwälder. Nach Westen zu fehlt er zwischen Elbe und Rhein.
Wuchs und Blätter: Der kleine, langsamwüchsige Strauch wird selten über 1 m hoch und hat viele dünne, runde, schwach geriefte, aufsteigende Zweige, die jung etwas seidig behaart sein können. Die Blätter sind dreizählig, die Fiederblättchen etwa 2 cm lang und verkehrt-eiförmig. Die hellgrüne Oberseite ist kahl, die Unterseite mattgrün und angedrückt behaart. Blätter und Zweige werden beim Trocknen schwarz (Name!).
Blüte und Frucht: Der Blühzeitraum dauert von Juni bis August, wobei im September noch eine spärliche Nachblüte erfolgen kann. Die goldgelben, etwa 1 cm langen Blüten stehen in 10 bis maximal 30 cm langen, leicht überhängenden Trauben. Die kurzen Blütenstiele und der Kelch sind behaart. Das Schiffchen dieser Schmetterlingsblüte ist gekrümmt und geschnäbelt (siehe Name *Lembotropis*). Die sehr schmale und rauh behaarte Hülse wird etwa 3 cm lang.
Bemerkungen: Die Art stellt als Spätblüher eine bescheidene Bienenweide dar. Wegen des langen Blühzeitraumes und der auffallenden Blütentrauben wird sie auch in Gärten angepflanzt oder zur Eingrünung von Böschungen verwendet. Blüten, Blätter und Stengel enthalten ein Öl, das beim Trocknen durch Gerbstoffeinwirkung braunschwarz wird und damit die auffallende Verfärbung bewirkt.

Gemeiner Liguster, Rainweide
Ligustrum vulgare L.

Familie: Oleaceae – Ölbaumgewächse
Name: *Ligustrum* = lat. Artname, hergeleitet von *ligare* = binden; *vulgare* = lat., gewöhnlich
Verbreitung und Vorkommen: Die Art kommt von Mittel- bis Südeuropa sowie auch in Nordafrika und Westasien vor. Sie ist ausgesprochen wärmeliebend und recht anspruchsvoll bezüglich der Nährkraft des Bodens. Wir finden sie an Waldrändern, in Hecken, auch in Auwäldern. Da man sie viel anpflanzt, kann sie vom nördlichen Mitteleuropa bis Schweden gelegentlich verwildert angetroffen werden.
Wuchs und Blätter: Der Gemeine Liguster bildet 3 bis selten 5 m hohe, reich verzweigte, dichte, buschige Sträucher, die reichlich Wurzelbrut ausbilden. Im Waldesschatten ist der Strauch auch niederliegend. Die sehr biegsamen Zweige sind nur jung kurz behaart und haben eine graugrüne Rinde. Die paarweise gegenständig stehenden Blätter mit oft welligem Rand sind kurzgestielt, länglich-lanzettlich oder auch eiförmig, ledrig und ganzrandig. Die im Sommer dunkelgrünen Blätter verfärben sich im Spätherbst bis in milde Winter hinein violettgrün. Gelegentlich bleiben sie bis zum Frühjahr am Strauch.
Blüte und Frucht: Die Blütezeit liegt im Juni bis Juli. Dann bilden sich 8 cm lange, endständige, reichblütige Rispen mit weißen, trichterförmigen, vierzipfligen, kleinen Einzelblüten, die einen kräftigen Geruch verbreiten. Die fast erbsengroße schwarze Beerenfrucht kann bis in den Winter am Strauch bleiben und wird von Vögeln gefressen.
Bemerkungen: Das sehr harte Holz (ähnlich dem des Hartriegels) wird gelegentlich von Drechslern genutzt. Junge Zweige eignen sich zu grobem Flechtwerk. Daher auch der Name »Rainweide« im Gegensatz zu den Weiden an Bachufern. Die Rinde diente zum Gelbfärben von Wolle. Die Beeren enthalten ein bisher nicht genutztes Öl (15 bis 25 %) und wurden früher zur Tintenbereitung verwendet. Die Rainweide stellt eine gute Heckenpflanze (Wurzelbrut- und Stecklingsvermehrung) und eine geschätzte späte Bienenweide dar. In warmen Gebieten ist die Art rauchhart und hat ein sehr hohes Staubfangvermögen. Ihr dichter Wuchs bietet Vögeln und Niederwild Sicht- und Deckungsschutz. Ihr Regenerationsvermögen nach Schnitt und Verbiß und das Fehlen von Krankheiten machen sie für landschaftsgestaltende Maßnahmen geeignet. Doch leidet sie in strengen Wintern und friert zurück.

Echtes Geißblatt, Jelängerjelieber
Lonicera caprifolium L.

Familie: Caprifoliaceae – Geißblattgewächse
Name: *Lonicera* = nach dem im 16. Jahrhundert lebenden Botaniker Adam Loniker (auch Lonitzer geschrieben) benannt; *caprifolium* von *caprea* = lat., Ziege, *folium* = lat., Blatt
Verbreitung und Vorkommen: Die Art ist vor allem von Südosteuropa bis zum Kaukasus natürlich verbreitet. In Mitteleuropa wurde sie schon seit langer Zeit eingebürgert und kommt in warmen Gebieten auch verwildert vor. In Gärten gedeiht die Pflanze noch im baltischen Raum. Sie bevorzugt kräftige Böden und benötigt viel Licht und Sonne.
Wuchs und Blätter: Der rechtswindende Strauch kann über 5 m hoch und bis 10 m weit klettern (je länger – je lieber, s. Name). Wenn Stützen fehlen, bedeckt er oft weite Bodenflächen. Die Zweige sind leicht borstig behaart, verkahlen aber bald. Von den gegenständigen, meist kurzgestielten, rundlich-elliptischen Blättern ist die Oberseite dunkelgrün, die Unterseite etwas hellbläulichgrün. Die beiden Endblätter blühender Triebe bilden um den Zweig ein einheitliches, schildförmiges Doppelblatt, d. h., sie wachsen am Grund völlig zusammen. Die 2 bis 3 folgenden Blattpaare können ebenfalls verwachsen sein.
Blüte und Frucht: Die Anfang Juni erscheinenden Blüten sitzen meist zu 6 dem schildförmigen Doppelblatt auf. Auch die anschließenden 2 bis 3 Blattpaare können in den Achseln noch die gelblichweißen, rötlich überlaufenen Blüten mit einer bis 3 cm langen Blütenröhre tragen. Sie haben eine breite Ober- und eine etwas zurückgebogene Unterlippe. Die Blüten beginnen erst am Abend stärker zu duften. Die leuchtend roten, kugeligen und etwa erbsengroßen Beeren sitzen dem Doppelblatt auf, reifen im August und fallen bald ab.
Bemerkungen: Das Echte Geißblatt weist mehrere lokale Ausbildungsformen auf und dient als Partner bei vielen Kreuzungen gärtnerischer Kulturformen, die in den Anlagen vorherrschen. Obwohl diese Art ihr natürliches Verbreitungsgebiet in südlicheren Gebieten Osteuropas hat, ist sie winterfrosthärter als das mitteleuropäische Waldgeißblatt. Sie wird noch in Südschweden und Lettland angepflanzt und läßt sich verhältnismäßig leicht durch Stecklinge oder Samen vermehren.

Schwarze Heckenkirsche
Lonicera nigra L.

Familie: Caprifoliaceae – Geißblattgewächse
Name: *Lonicera* = nach dem im 16. Jahrhundert lebenden Botaniker Adam Loniker (auch Lonitzer geschrieben) benannt; *nigra* = lat., schwarz
Verbreitung und Vorkommen: Die Art ist in den Bergmischwäldern der Alpen, der hercynisch-sudetischen Mittelgebirge bis zu den Karpaten überall nur verstreut anzutreffen und besiedelt kräftige, humose, frische Waldböden. Sie befindet sich nicht in Kultur.
Wuchs und Blätter: Der kleine, selten bis 1,50 m hohe Strauch verzweigt sich nur wenig. Die Äste mit einem hellen, grauen bis bräunlichen Mark sind nur jung etwas behaart. Die dünnen Äste und Zweige können leicht hin und her gebogen sein. Die gegenständigen, etwa 5 bis 7 cm langen Blätter weisen eine eiförmige, relativ schmale Spreite mit wenig ausgeprägter Spitze auf. Sie sind kurzgestielt und auf der graugrünen Unterseite nur jung etwas zerstreut behaart.
Blüte und Frucht: Je nach Höhenlage liegt die Blütezeit zwischen Mai und Juni. Die rötlichen bis weißen, etwa 1 bis 2 cm großen Blüten sitzen paarweise auf einem 2 bis 4 cm langen, aufsteigenden, kahlen Stiel. Sie sind an ihrer Basis zusammengewachsen. Die Frucht ist eine glänzend schwarze, etwas bereifte Doppelbeere an einem hängenden Stiel, wobei meist eine Beere deutlich kleiner bleibt. Die schwach giftigen Früchte wirken brecherregend.
Bemerkungen: Ebenfalls schwarzblaue Beeren, deren Doppelbeeren fast völlig zu einem einheitlichen Gebilde zusammenwachsen, hat die Blaue Heckenkirsche (*Lonicera caerulea* L.). Sie blüht gelblichweiß bis leicht grün und kommt in den Alpen vor. Eine Reihe Heckenkirschenarten stellt Ziersträucher dar und wird gelegentlich um Siedlungen auch verwildert angetroffen. Die schwarze Heckenkirsche läßt sich leicht durch Stecklinge vermehren.

Waldgeißblatt
Lonicera periclymenum L.

Familie: Caprifoliaceae – Geißblattgewächse
Name: *Lonicera* = nach dem im 16. Jahrhundert lebenden Botaniker Adam Loniker (auch Lonitzer geschrieben) benannt; *periclymenum* von *peri* = griech., um, herum, und *klymenon* = griech., Schling- oder Windengewächs
Verbreitung und Vorkommen: Die Art hat ihren Verbreitungschwerpunkt im westlichen Mitteleuropa und reicht nach Osten bis etwa zur Elbe, im Küstenbereich auch in Odernähe, weshalb sie mit anderem Namen Deutsches Geißblatt genannt wird. Sie bevorzugt Ränder von Laubmischwäldern und kommt auch auf saueren Böden vor. Sie erträgt mehr Schatten als das Echte Geißblatt, ist aber empfindlicher gegenüber niedrigen Wintertemperaturen.
Wuchs und Blätter: Im Aussehen ähnelt das Waldgeißblatt dem Echten Geißblatt. Der nach rechts windende Strauch klettert bis 5 m hoch an Bäumen und Sträuchern und kann kleineren Holzgewächsen durch Erdrücken, vor allem bei Schneeauflage, gefährlich werden. Die gegenständigen Blätter sind kurzgestielt oder sitzend, aber nicht an der Basis zusammengewachsen. Sie werden etwa 6 cm lang und haben eine deutliche Spitze. Jung können sie vor allem auf der Unterseite etwas behaart sein.
Blüte und Frucht: Die Pflanze blüht etwa von Juni bis Juli. Die 4 bis 5 cm langen Einzelblüten stehen auf einem Stiel zu einem doldigen Köpfchen vereint. Sie haben eine schlanke, schmale Röhre, aus der lange Staubblätter herausragen. Die Kronröhre ist drüsig behaart und dadurch etwas klebrig. Die Blüten sind stärker rötlich als beim Echten Geißblatt bis purpurn überlaufen. Die roten Früchte stehen gehäuft auf einem Stiel über dem obersten nicht verwachsenen Blattpaar.
Bemerkungen: Waldgeißblatt und Echtes Geißblatt lassen sich leicht durch Samen oder Stecklinge vermehren und können rasch wieder vom Stock austreiben. Es sind beliebte Zierpflanzen, die heute als gärtnerische Kulturformen zur Eingrünung von Mauern, Böschungen und Lauben verwendet werden. Die nur nach Sonnenuntergang duftenden Blüten stellen typische Schwärmerblumen ohne Anflugstelle für andere Insekten dar. Die langrüsseligen Nachtschwärmer, wie Ligusterschwärmer und Weinschwärmer, verharren schwebend vor der Blüte, saugen den Nektar und vollziehen dabei die Bestäubung. Die beiden Arten sind rauchhart und haben ein hohes Staubfangvermögen.

Rote Heckenkirsche
Lonicera xylosteum L.

Familie: Caprifoliaceae – Geißblattgewächse
Name: *Lonicera* = nach dem im 16. Jahrhundert lebenden Botaniker Adam Loniker (auch Lonitzer geschrieben) benannt; *xylon*= griech., Holz, und *osteon* = griech., Knochen, daher auch der Name »Beinholz«
Verbreitung und Vorkommen: In Mitteleuropa ist der Verbreitungsschwerpunkt subozeanisch. Die Art kommt jedoch auch bis Sibirien vor. Sie bevorzugt kräftige Böden und wächst vor allem in Hecken und Gebüschen. Sie wurde häufig angepflanzt und verwildert leicht in der Nähe von Ortschaften.
Wuchs und Blätter: Von dem 1 bis 3 m hohen Strauch löst sich die Rinde in langen Streifen ab. Die Äste sind durch das Schwinden des weiten, braunen Markes hohl. Das sehr harte Holz ähnelt daher einem Röhrenknochen. Die dünnen, jung behaarten Zweige haben ein weites, weiches, braunes Mark. Die Langtriebe zeigen öfter wellige Schlängelungen, und die vielen Kurztriebe stehen sparrig ab. Von den kurzgestielten, 3 bis 6 cm langen, weichen, rundlich-elliptischen, beiderseits weichhaarigen Blättern verkahlt die Oberseite häufig. Der Blattrand ist meist bewimpert.
Blüte und Frucht: Die Blütezeit liegt im Mai bis Juni. Die Blüten sitzen zu zweien auf einem gemeinsamen, meist aufrechten, weichhaarigen, achselständigen Stiel. Sie sind anfangs weiß, selten rötlich überlaufen und werden beim Verblühen meist gelblich. Die hell- bis dunkelroten, glänzenden, am Grunde meist etwas zusammengewachsenen Beeren stehen paarweise. Sie wirken stark brecherregend!
Bemerkungen: Die spätblühende Art ist rauchhart, besitzt ein hohes Staubfangvermögen, läßt sich leicht durch Stecklinge vermehren und wird gern von Vögeln als sicherer Brutplatz benutzt. Wegen ihrer Giftigkeit soll sie nicht an Kinderspielplätzen angepflanzt werden. Die Kirschfliege lebt als Made auch in den Beeren der Heckenkirschen. Daher darf man sie nicht zusammen mit Süß- oder Sauerkirschen kultivieren.

Gemeiner Bocksdorn
Lycium barbarum L.

Familie: Solanaceae – Nachtschattengewächse
Name: *Lycium* = griech., Lykion, Name eines uns unbekannten Dornstrauches; *barbarum* = lat., der Barbaren im Sinne von wildwachsend
Verbreitung und Vorkommen: Das natürliche Verbreitungsgebiet reicht von Südeuropa bis Kleinasien. Man trifft die Art in und um die Siedlungen auch in Mitteleuropa und Nordafrika verwildert an. Besonders häufig war sie in zerstörten Großstädten. Durch Vogelverbreitung tritt sie sporadisch auch in den Küstengebieten der Nord- und Ostsee auf.
Wuchs und Blätter: Der Gemeine Bocksdorn bildet 1 bis 2 m hohe Gebüsche. Wegen der weit ausgebreiteten, sparrigen Äste und auffallend langen, dünnen Zweige wird er auch »Teufelszwirn« genannt. Die Triebe steigen bogig auf oder hängen weit über und sind spärlich mit Dornen besetzt. Da sich die Zweige wieder bewurzeln können, entsteht ein unentwirrbares Gestrüpp, das durch Wurzelbrut noch verstärkt wird. Die meist lanzettlichen bis elliptischen, 2 bis 6 cm langen, graugrünen Blätter können recht variabel sein. Sie stehen an Langtrieben einzeln und gehäuft an Kurztrieben.
Blüte und Frucht: Die Blütezeit beginnt im Juni und zieht sich bis Oktober hin. Die langgestielten Blüten stehen meist einzeln, besonders an Langtrieben, oder auch zu mehreren in den Blattachseln. Die an der Basis trichterförmige, lila bis purpurne Blütenkrone ist oben fünflappig ausgebreitet. Die Frucht besteht aus einer länglich-eiförmigen, etwa 1 bis 2 cm langen, leuchtend roten, seltener auch gelblichen Beere. Sie ist für Menschen giftig. Da das Aufblühen nacheinander folgt, können an der Zweigbasis im September schon Früchte, an der Zweigspitze noch Blüten vorhanden sein.
Bemerkungen: Die Art wird öfter zur Befestigung von Böschungen, Dämmen und Rohböden angepflanzt, wenn Rutschgefahr besteht. Sie läßt sich durch Stecklinge leicht vermehren. In warmem Klima ist sie rauchhart und erträgt auch gelegentliche Salzwasserüberflutungen, weshalb der Strauch auch zur Dünenbefestigung eingesetzt wird. Vögeln und Niederwild bietet er ausgezeichneten Sicht- und Deckungsschutz.
Es ist eine Verwechslung mit dem gelegentlich angepflanzten und sich auch selbst ausbreitenden, sehr ähnlichen Chinesischen Bocksdorn (*Lycium chinense* MILL.) aus der Mandschurei möglich. Die Art hat aber breitere, oft eiförmige Blätter.

Deutsche Mispel, Echte Mispel
Mespilus germanica L.

Familie: Rosaceae – Rosengewächse
Name: *Mespilus* = röm. Artname; *germanica* = lat., im deutschen Gebiet wachsend
Verbreitung und Vorkommen: Die Pflanze hat ihre Hauptverbreitung in Südeuropa, Kleinasien bis Iran. Sie bevorzugt warme und trockene Standorte. Die Ursprünglichkeit der Mispel in Mitteleuropa ist vielfach bezweifelt worden. Aber im Capitulare Karls des Großen und in einer Pflanzenliste des Klosters St. Gallen in der Schweiz vom Jahre 820 wird die Art bereits zum Anbau empfohlen.
Wuchs und Blätter: Die Art erreicht als kurzschäftiger Baum mit breit ausladender Krone vor allem in Anlagen etwa 5 m und etwas darüber. Häufig bleibt sie aber strauchförmig. Die mit einigen Dornen besetzten, filzig behaarten Zweige tragen eine olivfarbene bis rotbraune Rinde. Die etwa 10 cm langen Blätter mit einer elliptischen, zugespitzten Blattspreite, deren Rand besonders im oberen Drittel fein gesägt sein kann, sitzen auf einem kurzen, zottig behaarten Stiel. Die Oberseite der Blätter ist meist nur wenig, die graugrüne Unterseite samtig behaart.
Blüte und Frucht: Die Blüten erscheinen Ende Mai bis Juni. Sie sind im Durchmesser 2 bis 4 cm groß, meist weiß, selten auch etwas rötlich, werden von den langen Kelchzipfeln überragt und stehen einzeln an Kurztrieben. Die apfelähnlichen 2 bis 3 cm großen Scheinfrüchte werden von den lange grünbleibenden Kelchblättern gekrönt, ähnlich wie bei der Quitte (*Cydonia oblonga* MILL.). Sie sind etwas behaart und färben sich zur Reifezeit braun, bleiben aber hart. Erst nach Frosteinwirkung werden sie weich und genießbar.
Bemerkungen: Von der Deutschen Mispel gibt es großfrüchtigere und schmackhaftere Kultursorten, die vereinzelt auch verwildert angetroffen werden können. Alle Wildvorkommen der Art sind schützenswert. Sie lassen sich durch Wurzelbrut vermehren. Es kommen künstlich erzeugte oder auch natürliche Bastarde mit Weißdornarten vor.

Schwarzdorn, Schlehe
Prunus spinosa L.

Familie: Rosaceae – Rosengewächse
Name: *Prunus* = lat. Name für Kirscharten; *spinosa* = lat., dornig
Verbreitung und Vorkommen: Verbreitungsschwerpunkt der Art sind Mittel- und Südeuropa bis Nordafrika und Kleinasien. Sie bevorzugt in Mitteleuropa trockenwarme, steinige bis sandige, kräftige Böden. Gelegentlich kommt sie auch entlang von Bachläufen vor. Der wärme- und lichtfordernde Strauch ist im Hügelland an Hecken, Waldränder und lichte Wälder gebunden.
Wuchs und Blätter: Der Schwarzdorn bildet dichte, fast undurchdringliche Büsche, die etwa 3 m hoch werden können. Die Äste haben viele sparrig abstehende Kurztriebe, die in scharfen Dornen enden. Die anfangs samtig behaarten jungen Triebe verkahlen bald. Die 2 bis 5 cm langen länglich-elliptischen bis breit-lanzettlichen und am Rand scharf gesägten Blätter sind vor allem unterseits, besonders an den Blattnerven, flaumig behaart, doch verkahlen sie im Laufe des Sommers oft völlig.
Blüte und Frucht: Die Blüten erscheinen im April kurz vor Laubausbruch in großer Zahl. Die Einzelblüte ist etwa 1 cm im Durchmesser, hat 5 weiße Blütenblätter und gelbe bis rötliche Staubblätter. Die etwa 1 cm großen Früchte sind kugelig, blauschwarz bis silbrig bereift und schmecken sehr herb. Sie werden erst nach Frosteinwirkung genießbarer.
Bemerkungen: Die Art bietet guten Sicht- und Deckungsschutz für Niederwild und stellt eine sichere Brutstätte für Vögel dar. Als Frühblüher ist sie eine wertvolle Bienenweide und war als Heilpflanze geschätzt. Der Strauch wird gern vom Wild angenommen, ohne durch den Verbiß Schaden zu erleiden. Er ist rauchhart, hat ein hohes Staubfangvermögen und eignet sich bei kräftigen Böden auch zur Kippenaufforstung. Allerdings kann diese landeskulturell wertvolle Art Überträger von Obstschädlingen sein. Die sparrigen Äste benutzte man früher in den Gradierwerken bei der Salzgewinnung. Man sprühte über das Astwerk die wasserreiche Salzsole, wobei sie an der Luft Wasser verlor. Langsam nach unten tropfend, wurde sie so eingedickt, daß man beim eigentlichen Gewinnungsvorgang in Salzsiedepfannen weniger Holz benötigte.

Purgierkreuzdorn
Rhamnus cathartica L.

Familie: Rhamnaceae – Kreuzdorngewächse
Name: *Rhamnus* = griech. Name für Kreuzdornarten; *cathartica* von *katharein* = griech., reinigen (abführende Wirkung der Beeren)
Verbreitung und Vorkommen: Der Strauch kommt vom gemäßigten und südlichen Europa bis Sibirien vor. In Mitteleuropa besiedelt er im Hügelland kräftige Böden, die frisch bis trocken sein können.
Wuchs und Blätter: Die Art ist meist ein hoher Strauch, selten auch ein bis 5 m hohes Bäumchen mit gekrümmtem Stamm und feinrissiger, dunkler Rinde. Je nach den Standortverhältnissen kann sie recht unterschiedliches Aussehen haben. Die Langtriebe enden häufig in einem Dorn, und Seitentriebe, die annähernd gegenständig stehen, setzen das Wachstum fort. Dabei kommt an den Zweigenden die Form eines Kreuzes (Name!) zustande. Je besser der Boden, die Frische und je höher der Schatten, desto weniger Dornen treffen wir an. Die Blätter stehen annähernd gegenständig und können recht unterschiedliche Form, selbst am gleichen Zweig, haben. Meist sind sie unbehaart, gestielt, länglich-oval, 3 bis 6 cm lang, fein gesägt und weisen beiderseits der Mittelrippe 2 bis 3 zur Blattspitze gebogene Seitennerven auf.
Blüte und Frucht: Die kleinen, gelbgrünen Blüten mit 4, bisweilen auch fast fehlenden Blumenblättern stehen zu 3 bis 5 in blattachselständigen Trugdolden und erscheinen Ende Mai bis Juni. Sie sind meist zweihäusig verteilt, bestehen aber nur aus einem funktionsfähigen Geschlecht, z. B. ♂ Blüten mit verkümmerten Fruchtknoten. Die Früchte sind etwa erbsengroß, weich, schwarz und schwach giftig. Sie reifen im September.
Bemerkungen: Der langsamwüchsige Strauch kann über 100 Jahre alt werden und liefert ein von Drechslern gesuchtes Holz mit gemasertem, goldrotem, hartem Kern. Rinde und Früchte besonders von Kreuzdornarten südlicher Länder lieferten gesuchte Farbstoffe, wie Saftgrün und Schüttgelb. Die Art stellt den Zwischenwirt des Haferkronenrostes (*Puccinia coronata*) dar, eines Pilzes, der Haferpflanzen befällt. Sie ist wind- und rauchhart und bietet eine bescheidene Bienenweide.

Alpenjohannisbeere
Ribes alpinum L.

Familie: Grossulariaceae – Stachelbeergewächse
Name: *Ribes* von *ribas* = arab. Name einer uns unbekannten Heilpflanze; *alpinum* = lat., in den Alpen wachsend
Verbreitung und Vorkommen: Die Alpenjohannisbeere kommt vom gemäßigten Europa bis nach Asien vor. In Mitteleuropa bevorzugt sie die Berglandstufe, ist aber gelegentlich auch zwischen Alpen und Ostsee anzutreffen. Sie besiedelt kräftige Grundgesteine, vor allem blockreiche Hangwälder. Öfter wird sie in verschiedenen gärtnerischen Formen angepflanzt und verwildert leicht.
Wuchs und Blätter: Der Strauch kann etwas über 1.50 m hoch werden und besitzt teils aufrechte oder bogig überhängende Äste. Die jungen Zweige sind grünlich bis gelbbraun, unbehaart und zeigen öfter schwache Leisten. Die Blätter werden 3 bis 5 cm lang. Der drüsig behaarte Blattstiel ist kürzer als die drei- bis fünflappige, jung zerstreut borstig behaarte Blattspreite. Die unbehaarte Blattunterseite weist einen etwas fettigen Glanz auf. Der Blattgrund kann herzförmig bis breitkeilig sein.
Blüte und Frucht: Die im April bis Mai erscheinenden kleinen, grünlichgelben Blüten stehen in aufrechten Trauben, deren Spindel drüsig behaart ist. Sie sind unvollkommen zweihäusig verteilt, wobei man das verkümmerte andere Geschlecht noch angedeutet erkennen kann. Während die ♂ Blütentrauben 10 bis 20 Blüten aufweisen, haben die ♀ meist nur 2 bis 6. Die dunkelroten Beerenfrüchte sind etwas schleimig und von fadsüßlichem Geschmack.
Bemerkungen: An der Entstehung der seit 1600 kultivierten Gartenjohannisbeeren waren vor allem die in Westeuropa heimische Waldjohannisbeere (*Ribes sylvestre* MERT. et W. KOCH), die im Alpenraum seltene Felsenjohannisbeere (*Ribes petraeum* WULFEN) und die von Skandinavien bis Asien vorkommende Rote Johannisbeere (*Ribes spicatum* ROBSON) in wechselndem Maße beteiligt. Daher können die Merkmale der Kultursorten, deren drei- bis fünflappige Blätter unterseits behaart sind, variieren. Die grünlichgelben, zwittrigen Einzelblüten stehen bei den Gartenjohannisbeeren in hängenden Trauben. Ihre Beeren können je nach Sorte dunkelrot bis weiß (Rote und Weiße Johannisbeere) sein und reifen in warmen Gegenden um »Johanni« (Sommersonnenwende), sonst im Juli bis August. Alle Johannisbeerarten stellen Überträger des Blasenrostes der Weymouthskiefer dar.

Schwarze Johannisbeere
Ribes nigrum L.

Familie: Grossulariaceae – Stachelbeergewächse
Name: *Ribes* von *ribas* = arab. Name einer uns unbekannten Heilpflanze; *nigrum* = lat., schwarz
Verbreitung und Vorkommen: Zerstreut kommt die Art im europäisch-asiatischen Waldgebiet bis zum Polarkreis vor, da sie frosthart ist. In Mitteleuropa besiedelt sie vorzugsweise Auwälder, auch trockenere Erlenbrüche auf nährstoffreichen, kräftigen Böden. Aus Gärten verwildert kann man sie öfter um Ortschaften finden.
Wuchs und Blätter: Der meist breit ausladende bis niederliegende Strauch, dessen Äste sich wieder bewurzeln können, wird etwa 1,50 m hoch. Die jungen, gelblichbraunen Zweige besitzen Drüsen, die einen strengen Geruch verbreiten. Daher kommen auch die volkstümlichen Namen »Wanzenbeere« oder »Bocksbeere«. Die 5 bis 10 cm langen Blätter sind im Umriß etwas herzförmig und drei- bis fünflappig. Ihre Oberseite ist kahl, die Unterseite mit gelblichen Drüsen besetzt.
Blüte und Frucht: Die im April bis Mai erscheinenden Blüten stehen in fünf- bis zehnblütigen, überhängenden Trauben. Traubenspindel und Blütenstiele sind leicht flaumig behaart. Der innen rötliche Blütenkelch hat sonst, wie die unscheinbaren Blütenblätter, eine hellgrüne Farbe. Die schwarze Beerenfrucht kann bei günstigen Standortverhältnissen fast einen Zentimeter groß werden.
Bemerkungen: Der nicht allen zusagende Geruch der frischen Beeren verschwindet beim Erhitzen (bei Saft-, Marmeladen- oder Hausweinbereitung). Wegen des hohen Vitamin-C-Gehaltes sowie vieler anderer Vitamine und Wirkstoffe wird der Saft besonders geschätzt. Außerdem enthält er viel Zucker. Da der Strauch und seine gärtnerischen Kulturformen auch in rauhen Lagen und im leichten Schatten unter Obstbäumen gedeihen, ist die Art sehr verbreitet und verwildert leicht aus Gärten. Sie befindet sich erst seit dem 16. Jahrhundert in gärtnerischer Kultur. Echte Wildvorkommen sind in Mitteleuropa selten.

Wilde Stachelbeere
Ribes uva-crispa L.

Familie: Grossulariaceae – Stachelbeergewächse
Name: *Ribes* von *ribas* = arab. Name einer uns unbekannten Heilpflanze; *uva* = lat., Traube, Beere, *crispa* = lat., rauh
Verbreitung und Vorkommen: Die Art ist im gemäßigten Europa bis zum Kaukasus verbreitet, vereinzelt auch in Nordafrika. Sie kommt in Auen, frischen Laubwäldern, Hecken und Gebüschen vor und verwildert leicht aus Gärten.
Wuchs und Blätter: Bei dem selten über 1 m hohen Strauch stehen die dunklen Äste teils sparrig ab oder hängen bogig über. Sie haben eine graue, abschülfernde Korkhaut und sind unterhalb von Kurztrieben mit drei- (auch ein- bis fünf-)teiligen Stacheln besetzt. Die Langtriebe bedecken viele einfache Stacheln verschiedener Länge, die teilweise nur noch borstige Haare darstellen. Bei Bodenberührung bewurzeln sich die Triebe rasch. An vorjährigen und älteren Zweigen sitzen die drei- bis fünflappigen, meist behaarten, rundlichen Blätter oft mit herzförmigem Grund büschlig gehäuft an Kurztrieben. Im Sommer wachsen die obersten Kurztriebe zu neuen Langtrieben mit einzelnstehenden Blättern aus.
Blüte und Frucht: Die Blütezeit der zu 1 bis 3 zusammenstehenden Blüten kann schon im März beginnen. Der Kelch ist glockig mit später zurückgeschlagenen, roten Zipfeln. Die kleinen Blütenblätter sind hellgrün, selten etwas rötlich. Die 1 bis 3 cm großen, kugeligen Beerenfrüchte weisen drüsige Borstenbehaarung auf.
Bemerkungen: Durch jahrhundertelange Kultur, später auch durch Einkreuzung amerikanischer Arten, ist eine große Zahl von Stachelbeersorten entstanden, die alle leicht verwildern können. Neuerdings gibt es auch Artbastarde (Jochelbeere) aus Roter Johannis- und Stachelbeere. Die rauchharte Stachelbeere hat ein hohes Staubfangvermögen und bietet Vögeln sowie Niederwild Sicht- und Deckungsschutz.

Hundsrose
Rosa canina L.

Familie: Rosaceae – Rosengewächse
Name: *Rosa* = lat., Rose; *canina* von *canis* = lat., der Hund, in der Bedeutung von gewöhnlich, wildwachsend
Verbreitung und Vorkommen: Die Hundsrose ist von Europa bis Westasien und in Nordafrika verbreitet. Von dieser sehr variablen Art werden bis zu 60 Varietäten und Formen unterschieden. Andere Wildrosenarten ähneln ihr, so daß Verwechslungen mit ihnen leicht möglich sind. Der Strauch bevorzugt lichte Standorte, wie Waldränder, Hecken oder extensiv genutzte Viehweiden, in wärmeren Gebieten mit kräftigen Böden.
Wuchs und Blätter: Je nach der Gunst des Standortes kann der Strauch bis 3 m hoch werden. Die Langtriebe hängen oft in weitem Bogen bis zum Boden über und bewurzeln sich wieder. Die breiten Stacheln sind spitz und an ihrem Ende oft hakig gebogen. Vor allem blütentragende Kurztriebe weisen keine Stacheln auf. Die Stiele der gefiederten Blätter tragen kleine Stacheln. Die 5 bis 7 (bis 9) elliptischen, 2 bis 5 cm langen Fiederblättchen haben eine sehr variable Form. Ihr Rand ist ein- bis zweifach gesägt, die drüsigen Zähnchen weisen zur Blattspitze. Die kahlen Blätter besitzen höchstens auf der Unterseite eine leichte und zerstreute Behaarung.
Blüte und Frucht: Die Blütezeit beginnt Anfang Juni. Die weißen bis rosa Blüten mit einem Durchmesser von 4 bis 5 cm stehen zu 1 bis 3 zusammen. Die äußeren Kelchblätter sind fiederspaltig und fallen vor der Fruchtreife ab. Die roten Früchte, Hagebutten genannt, werden ei- bis flaschenförmig, reifen Ende September und bleiben bis zum Winter am Strauch.
Bemerkungen: Das rötliche Holz wird gelegentlich von Drechslern verarbeitet. Verschiedene Formen der Hundsrose dienen als Pfropfunterlage für Edelrosen. Wildrosen können zur Befestigung von Böschungen verwendet werden und sind wenig empfindlich gegenüber Raucheinwirkungen. Sie breiten sich durch Wurzelbrut und Senker weiter aus. Für Vögel und Niederwild stellen sie einen guten Sicht- und Deckungsschutz dar. Die Früchte gelten als heilkräftig und werden wegen ihres hohen Vitamin-C-Gehaltes häufig den Haustees beigemischt. Außerdem verwendet man sie für Konfitüren und bei der Hausweinbereitung. Wildrosen können aber Obstbaumschädlinge übertragen. In Mitteleuropa kommen etwa 20 Wildrosenarten vor, die der Hundsrose sehr ähnlich sind und hier nicht mit aufgeführt werden können.

Ohrweide
Salix aurita L.

Familie: Salicaceae – Weidengewächse
Name: *Salix* = lat. Gattungsname für Weidenarten; *aurita* = lat., geöhrt, wegen der ohrmuschelförmigen Nebenblätter
Verbreitung und Vorkommen: Die Art ist von den Alpen bis Nordskandinavien verbreitet und kommt nach Osten bis zum Altaigebirge vor. Sie bevorzugt moorige, nasse Standorte, auch Randgebiete von Hochmooren, siedelt aber auch auf trockeneren, sauren Standorten.
Wuchs und Blätter: Der meist niedrige, sparrige, kurzästige Strauch erreicht nur selten 2 m Höhe. Die jung rotbraunen und behaarten Zweige werden später kahl und schwärzlich. Die deutlich gestielten, 2 bis 4 cm langen, im Umriß verkehrt-eiförmigen bis lanzettlichen Blätter haben eine oft etwas gekrümmte Spitze. Sie sind oberseits nur jung schwach behaart, unterseits graufilzig mit hervortretendem Adernetz. Der Blattrand ist wellig gesägt. Die Nebenblätter stehen zu zweien am Blattgrund und bleiben bis zum Herbst erhalten.
Blüte und Frucht: Die relativ kleinen, eiförmigen ♂ und walzlichen ♀ Blütenkätzchen erscheinen vor den Blättern im April und sind wie bei den meisten Weidenarten zweihäusig verteilt. Die reifen Fruchtkätzchen werden etwa 2 bis 3 cm lang und 1 cm dick. Die Kätzchenachse ist weiß behaart, der Fruchtknoten gestielt, hat keinen Griffel und ist wie die reife Fruchtkapsel graufilzig behaart. Diese enthält viele sehr kleine Samen mit Haarbüscheln.
Bemerkungen: Die Ohrweide gedeiht gut an feuchten Ufern und Hängen. Eine Vermehrung durch Stecklinge ist jedoch schwierig. In allen Blüten- und vegetativen Merkmalen ist sie, abgesehen von den ausgesprochenen Hochgebirgsarten, die kleinste unserer heimischen Weidenarten. Sie ist reich an Varietäten.

Salweide
Salix caprea L.

Familie: Salicaceae – Weidengewächse
Name: *Salix* = lat. Gattungsname für Weidenarten; *caprea* = lat., Adjektiv im Sinne »für Ziegen geeignet«
Verbreitung und Vorkommen: Die Salweide kommt von Europa bis zum Amur in Sibirien vor. In Mitteleuropa ist sie die häufigste Weidenart an Bachläufen, Gräben, auf Schlägen und an Waldrändern. In den Gebirgen reicht sie fast bis zur Baumgrenze.
Wuchs und Blätter: Meist trifft man diese Weidenart als 3 bis 6 m hohen, grobästigen, sparrigen Strauch an. An günstigen Stellen wird sie selten auch baumförmig. Die jung olivgrünen bis braunen Zweige sind behaart. Die deutlich gestielten, 5 bis 10 cm langen, eiförmig-elliptischen Blätter weisen in der Mitte die größte Breite auf. Meist haben sie eine kurze, etwas gebogene Spitze und einen schwach welligen, unregelmäßig gekerbten bis ganzrandigen Blattrand. Die jung beiderseits filzig behaarten Blätter verkahlen weitgehend auf der Oberseite. Die Unterseite mit einem deutlich hervortretenden Adernetz bleibt behaart. Die nierenförmigen Nebenblätter fallen im Sommer ab.
Blüte und Frucht: Die vor den Blättern erscheinenden Blüten öffnen sich im März bis April. Sie sind wie bei fast allen Weiden zweihäusig verteilt. Die ♀ Blüten bilden lange, walzliche, graugrüne Kätzchen, die eiförmigen, zuerst weißfilzigen ♂ Blüten werden beim Aufblühen durch die Staubblätter goldgelb. Der reife Fruchtstand bildet eine lockere, bis 10 cm lange, fast hängende Ähre. Die Fruchtkapseln sind bei der Reife gestielt und graufilzig behaart. In ihrem Inneren entwickeln sich die sehr kleinen Samen, die durch ihre Haarbüschel flugfähig sind und meist noch am gleichen Tage keimen, wenn sie der Wind an eine günstige Stelle trägt.
Bemerkungen: Der deutsche Name Salweide stammt von den altdeutschen Namen salba, salha für Weiden. Wie bei allen wildwachsenden Weidenarten stehen die Blüten in den meisten Ländern Mitteleuropas unter Naturschutz, da sie die erste bedeutende Bienennahrung des Jahres bieten. Die Art ist rauchhart, und ihre Blätter besitzen ein hohes Staubfangvermögen. Durch Stecklinge läßt sich der Strauch nicht vermehren. Bastardbildungen mit anderen Weidenarten kommen vor. Aus der Rinde wurde früher Salicyl, ein Fiebermittel, gewonnen.

Purpurweide
Salix purpurea L.

Familie: Salicaceae – Weidengewächse
Name: *Salix* = lat. Gattungsname für Weidenarten; *purpurea* = lat., purpurfarben
Verbreitung und Vorkommen: Die Purpurweide ist mit Ausnahme des hohen Nordens von Europa bis Zentralasien verbreitet. In den Alpen kommt sie bis zur Waldgrenze vor. Sie gedeiht an Bächen, auf nassen Wiesen, in den Alpen auch auf steinigen Böden.
Wuchs und Blätter: Der 3 bis 5 m hohe Strauch kann selten auch baumförmig vorkommen. Die Zweige sind dünn, biegsam, rötlich bis gelblichgrün und kahl. Die Innenseite der Rinde ist auffallend gelb. Die kurzgestielten, 5 bis 10 cm langen Blätter zeigen oft eine gegenständige Anordnung. Sie werden im oberen Drittel am breitesten und weisen spitzenwärts einen gesägten, sonst glatten Rand auf. Die nur jung schwach behaarten, oberseits dunkelgrünen, unterseits blau- bis graugrünen Blätter haben kein hervortretendes Adernetz. Nebenblätter fehlen meist.
Blüte und Frucht: Die zweihäusig verteilten, gegenständig angeordneten Blütenkätzchen erscheinen im März bis April. Die beiden vor dem Öffnen hellroten Staubgefäße der ♂ Blüten sind bis zur Spitze zusammengewachsen. Die Kätzchenschuppen der ♀ Blüten haben eine dunkelrote bis schwarze Spitze, weshalb auch sie wie purpurn punktiert erscheinen. Der reifende Fruchtstand mit behaarter Achse bildet eine schlanke, kaum hängende Ähre. Die Fruchtkapsel ist klein, fast sitzend und außen filzig behaart. Die kleinen, meist nur 0,1 bis 1 mm großen Samen sind von einem Haarbüschel umgeben. Bei trockenem Wetter spreizen sich die Haare und öffnen die Kapsel, so daß der Wind die Samen forttragen kann.
Bemerkungen: Die Art wird bei der Festigung von Hängen zu Faschinen und zu gröberem Flechtwerk genutzt. Da sie sich durch Stecklinge vermehren läßt, wurden einige Kultursorten entwickelt und angebaut, die nicht so empfindlich und pflegebedürftig sind wie die eigentlichen Flechtweiden. Weil die Blätter durch Gerbstoffe einen bitteren Geschmack haben, werden sie von Wild und Weidevieh nicht verbissen. Von der Purpurweide gibt es auch »Trauerformen« mit hängenden Ästen.

Korbweide
Salix viminalis L.

Familie: Salicaceae – Weidengewächse
Name: *Salix* = lat. Gattungsname für Weidenarten; *viminalis* von *vimen* = lat., für Flechtwerk geeignet, rutenförmige Zweige
Verbreitung und Vorkommen: Die Korbweide kommt in klimatisch günstigen Gebieten von Europa bis Ostasien vor. Sie bevorzugt die Ebene und das Hügelland, wo sie auf kräftigen Böden in Stromauen und an Bachläufen bei ausreichenden Lichtverhältnissen gedeiht. Sie wurde vielfach angebaut und kommt auch verwildert vor.
Wuchs und Blätter: Der 2 bis 4 m hohe Strauch, selten auch kleine Baum hat schlanke, gerade, bis über 2 m lange Ruten, die sich kaum verästeln und dicht beblättert sind. Die jung grauflaumig behaarten Zweige verkahlen bald und weisen eine gelbgrüne, auch auf der Innenseite grüne Rinde auf. Die kurzgestielten, etwa zehnmal so langen wie breiten Blätter haben einen wellig gekerbten bis glatten Rand, der sich häufig nach unten einrollt. Die Oberseite ist grün, kaum behaart, die Unterseite weißfilzig mit gelblicher Mittelrippe und Seitennerven. Die kleinen, schmal-lanzettlichen Nebenblätter fallen bald ab.
Blüte und Frucht: Die zweihäusig verteilten eiförmig-länglichen Kätzchen erscheinen im März bis April vor dem Laubausbruch an den Enden der Langtriebe. Die Blütenschuppen werden von silberweißen Haaren bedeckt. Der reifende, ährige Fruchtstand bleibt fast aufrecht. Die Fruchtkapseln sitzen an der filzig behaarten Ährenspindel. Die Samen sind wie bei fast allen Weidenarten von langen, einzelligen Haaren umgeben, die bei trockenem, für den Flug günstigem Wetter durch Streckung die Kapsel aufbrechen. Neuere Untersuchungen haben ergeben, daß viele Weiden zwar eine 24 Stunden überschreitende Keimfähigkeit besitzen, doch nimmt länger als ein Tag nach dem Fortflug aus der Kapsel das Keimprozent rasch ab.
Bemerkungen: Die Korbweide liefert, abgesehen von speziellen Züchtungen, die besten Flechtruten unter den wild vorkommenden Arten. Sie verfügt über einen hohen Stock- und Stammausschlag und läßt sich durch Stecklinge vermehren. Der intensive Anbau erfordert aber einen hohen Pflegeaufwand. Früher wurde sie meist im Kopfweidenbetrieb genutzt, wobei sie an Bächen auch zur Uferbefestigung beiträgt.

Schwarzer Holunder
Sambucus nigra L.

Familie: Caprifoliaceae – Geißblattgewächse
Name: *Sambucus* = lat. Gattungsname; *nigra* = lat., schwarz (Beeren)
Verbreitung und Vorkommen: Die Art kommt von Europa bis Westsibirien vor. In Mitteleuropa besiedelt sie lichte Laubwälder und Waldränder auf besseren, stickstoffreichen Böden sowie Schuttflächen und Ödland. Sie bevorzugt das Hügelland. Früher wurde der Schwarze Holunder auch angepflanzt und ist um Ortschaften überall verwildert anzutreffen.
Wuchs und Blätter: Die Art wächst meist als kräftiger Strauch, seltener als kleiner, bis 6 m hoher Baum. Die hellgrünen, später glänzend hellgrau berindeten Zweige haben ein weißes, schwammiges Mark. Die gegenständig angeordneten, unpaarig gefiederten Blätter werden bis 20 cm lang. Ihre 3 bis 7 kurzgestielten Fiederblättchen sind eiförmig zugespitzt, dunkelgrün, am Rande gesägt, unterseits kahl bis schwach behaart.
Blüte und Frucht: Die stark duftenden Blüten erscheinen im Juni in aufrechten, flachen, endständigen, weißen bis gelblichweißen Trugdolden. Der Fruchtstand ist überhängend mit violett-schwarzen, 4 bis 6 mm großen, rundlichen Beeren, die ab Ende August reifen.
Bemerkungen: Die Samen des Holunders hat man bereits zahlreich in den Siedlungen der Steinzeit gefunden. Wegen seiner Heilwirkungen wurde er vom Menschen geschont. Der aus den Blüten bereitete Tee wirkt schweißtreibend bei Erkältungskrankheiten (»Fliedertee«). Die Beeren liefern ein wohlschmeckendes Kompott oder einen Saft, der gelinde abführend wirkt. Die Blütendolden werden als Delikatesse in Omelettenteig und Schmalz gebacken. Holundermark benutzt man heute noch zur Anfertigung einfacher mikroskopischer Schnitte. Durch die späte Blütezeit bietet der Strauch auch eine gute Bienenweide. Die sehr rauchharte Art läßt sich leicht durch Stecklinge vermehren und siedelt häufig auf Kippen und Mülldeponien. Der deutsche Name Holunder stammt von holun-tar = Baum der (Frau) Holle ab.

Roter Holunder, Hirschholunder
Sambucus racemosa L.

Familie: Caprifoliaceae – Geißblattgewächse
Name: *Sambucus* = lat. Gattungsname; *racemosa* = lat., traubig (Blütenstand), daher auch Traubenholunder
Verbreitung und Vorkommen: Der Strauch kommt von Europa bis Ostasien vor. In Mitteleuropa liegt der Verbreitungsschwerpunkt im Gebirge, wo er bis zur Waldgrenze anzutreffen ist. Er bevorzugt kalkarme, humose Böden mit guter Nitrifikation.
Wuchs und Blätter: Der Rote Holunder ist zierlicher als der Schwarze Holunder und wird selten höher als 4 m. An günstigen Standorten vermag er reichlich Wurzelbrut zu bilden. Die Zweige haben ein braunes Mark, das allerdings bei den jüngsten Zweigen noch weiß sein kann. Das Blatt besteht meist aus nur 5 fast sitzenden, elliptisch-lanzettlichen Fiederblättern mit scharf gezähntem Rand. Ihre Unterseite ist höchstens ganz jung etwas behaart.
Blüte und Frucht: Die Blüten erscheinen im April zusammen mit den Blättern und bilden eiförmige, gelblichgrüne Rispen, die zunächst aufrecht stehen. Die leuchtend roten Beerenfrüchte werden etwa 4 mm groß und reifen im Juli bis August.
Bemerkungen: Die Art ist auch in ungünstigen Gebirgslagen rauchhart. Dort stellt sie eine gern angenommene Äsung für das Wild dar. Es gibt verschiedene gärtnerisch vermehrte Formen, die leicht verwildern können. Da dieser Holunder für Zugvögel eine willkommene Nahrung ist, kann er sporadisch auch im Tiefland auftreten. Aus den Früchten bereitet man ebenfalls Saft und Mus, die aber weniger geschätzt sind als vom Schwarzen Holunder. Da die harten Samen der fleischigen Früchte schwach giftig sind, dürfen die Samen bei der Verarbeitung der Beeren nicht zerquetscht werden. Sonst kann das Gift in Saft und Kompott austreten und abführend wirken.

Besenginster
Sarothamnus scoparius (L.) Koch

Familie: Fabaceae (Papilionaceae) – Schmetterlingsblütengewächse
Name: *Sarothamnus* von *saron* = griech., Besen, und *thamnos* = Strauch; *scoparius* von *scopae* = lat., Besen
Verbreitung und Vorkommen: Schwerpunkt des Vorkommens stellt das westliche Europa dar. Östlich der Oder wird der Strauch wegen mangelnder Frosthärte selten. Er bevorzugt arme, trockene, lichte Wälder, Waldränder und Feldraine.
Wuchs und Blätter: Der Besenginster bildet buschige, reichverzweigte, bis 2 m hohe Sträucher mit vielen aufsteigenden bis aufrechten Ästen auf einem kurzen, bis 10 cm dicken Stämmchen. Die grünen, vier- bis fünfkantigen, gefurchten, meist unbehaarten Zweige sind dornenlos. Die Blätter können an der Basis der Triebe meist dreizählig und kurz gestielt sein, spitzenwärts werden sie dagegen einfach und ungestielt. Am Triebende fehlen sie meist. Die kleinen, jungen Blättchen tragen eine seidige bis filzige Behaarung. Sie fallen oft schon im Juli ab (Verdunstungsschutz), so daß die Zweige die Assimilation allein übernehmen.
Blüte und Frucht: Die Blüten erscheinen Ende Mai bis Juni. Die bis 2 cm langen, goldgelben Blüten sitzen zu zweit oder einzeln in den Blattachseln (auf ganz kleinen Kurztrieben) und bilden traubige Blütenstände. Der Griffel ist stark eingerollt und ragt aus der Blüte heraus. Die schwarze, stark zusammengedrückte und vor allem an den Nähten abstehend weiß bis gelb behaarte Hülsenfrucht enthält schwarzbraune Samen mit einem Ölkörperchen. Daher wird er auch häufig durch Ameisen verbreitet, die die ausgeschleuderten Samen sammeln. Die Samen können ihre Keimkraft über 25 Jahre behalten.
Bemerkungen: Den Besenginster pflanzt man vielfach auf armen Sandböden, da er mit Hilfe der Knöllchenbakterien den Stickstoffhaushalt verbessern kann. Das tiefreichende Wurzelsystem festigt lockere Sandböden. Im Winter stellt er für das Wild ein gern angenommenes Grünfutter dar und bietet Sicht- und Deckungsschutz. Gegenüber Industrierauch ist der Strauch wenig empfindlich, aber in strengen Wintern frieren die Triebe zurück. Wie der deutsche Name besagt, wurden die Zweige als Besen verwendet.

Pimpernuß
Staphylea pinnata L.

Familie: Staphyleaceae – Pimpernußgewächse
Name: *Staphylea* = griech., Traube (Blütenstand); *pinnata* = lat., gefiedert (Blätter)
Verbreitung und Vorkommen: Die wärmeliebende Art ist vor allem von Südeuropa bis zum Kaukasus verbreitet, in Mitteleuropa kommt sie selten vor. Hier bevorzugt sie Kalkböden an warmen Hängen. Gelegentlich verwildert sie auch aus Gärten und Parkanlagen.
Wuchs und Blätter: Die Pimpernuß bildet große Sträucher oder bis zu 5 m hohe, kleine Bäume mit vielen Stockausschlägen. Die jung grünen Zweige werden später bräunlich mit undeutlichen weißen Längsstreifen. Am Ende der jungen Triebe entwickeln sich meist zwei Endknospen. Die langgestielten, bis 20 cm langen Blätter sind unpaarig gefiedert. Die elliptischen bis schmal-eiförmigen, 5 bis 10 cm langen Fiederblättchen mit einem feingesägten Rand haben bis auf das Endblättchen nur sehr kurze Stiele. An den Nerven der Unterseite tragen sie eine weißliche Behaarung.
Blüte und Frucht: Die Blüten erscheinen Ende Mai bis Juni. Sie hängen in etwa 10 cm langen, rispigen Trauben und besitzen eine weiße, fünfblättrige, glockige Blütenkrone sowie fast weiße Kelchblätter. Die Frucht stellt eine bis 4 cm lange, blasig aufgetriebene zwei- bis dreiklappige Kapsel dar. Sie ist netznervig, vorn zugespitzt mit 1 bis 2 erbsengroßen, gelbbraunen und ölreichen Samen pro Fach.
Bemerkungen: Der Name Pimpernuß kommt von klappern (pimpern) der reifen Samen in der Kapsel. Die in Essig eingelegten Blütenknospen dienten früher gegendweise als Kapernersatz oder wurden, z. B. in Georgien, mit den Blüten zusammen als Gemüse (Dshondsholi) gegessen. Das harte, gelbweiße Holz wird gelegentlich von Drechslern verarbeitet. Die Art ist rauchhart, dient aber nur als Zierstrauch. Sie ist gegen stärkere Fröste empfindlich und leidet deshalb in Mitteleuropa in kalten Wintern.

Schneebeere
Symphoricarpos albus (L.) Blake

Familie: Caprifoliaceae – Geißblattgewächse
Name: *Symphoricarpos* von *symphorein* = griech., zusammentragen, *karpos* = griech., Frucht (Früchte stehen nahe beieinander); *albus* = lat., weiß (Schneebeere)
Verbreitung und Vorkommen: Die natürliche Verbreitung liegt in Nordamerika. In Mitteleuropa ist die Art schon lange als Zierstrauch eingebürgert und um Siedlungen häufig verwildert anzutreffen. In neuerer Zeit wird sie auch in Flurgehölzen und in Immissions-Schadgebieten angebaut.
Wuchs und Blätter: Der Strauch wird 1 bis 2 m hoch mit dichtem Geäst. Die hellbraun berindeten Zweige haben ein weites, hohles Mark. Sie sind dünn, vielfach verzweigt und etwas behaart. Die gegenständigen Blätter können ganzrandig oder vor allem an kräftigen Trieben, an der Basis der Zweige auch buchtig gelappt sein. Die Unterseite ist etwas blaugrau und gelegentlich schwach behaart.
Blüte und Frucht: Die Blüten entwickeln sich von Juni bis September. Früchte und Blüten können daher gleichzeitig am Strauch sein. Die weißen oder rötlich überlaufenen, innen behaarten Blüten sitzen endständig in kleinen, gehäuften Trauben. Die etwa erbsengroßen Früchte sind schneeweiß (Name!) und bleiben bis in den Winter am Strauch.
Bemerkungen: Die ungenießbaren Beeren werden im Winter zu Schmuckzweigen benutzt. Da die Art rauchhart ist und nur geringe Ansprüche an den Standort stellt, nicht an Krankheiten leidet und dichte Vogelschutzhecken bildet, wird sie in Flurgehölzen und zur Eingrünung von Rohböden verwendet. Das weitverzweigte, tiefgehende Wurzelsystem macht sie auch zur Hangfestigung geeignet. Sie läßt sich sicher durch Stecklinge und Wurzelbrut vermehren. Durch ihre lange Blütezeit stellt sie auch eine gute Bienenweide dar. Der Schneebeere ist in landeskultureller Hinsicht die Korallenbeere (*Symphoricarpos orbiculatus* Moench) mit roten Früchten ebenbürtig. Sie wird aber fast nur als Zierstrauch gepflanzt.

Stechginster
Ulex europaeus L.

Familie: Fabaceae (Papilionaceae) – Schmetterlingsblütengewächse
Name: *Ulex* = lat. Name einer uns unbekannten Strauchart; *europaeus* = lat., in Europa wachsend
Verbreitung und Vorkommen: Die Art kommt häufig in küstennahen Gebieten von Portugal bis England vor. Sie besiedelt arme Sandböden in Dünen, auf Viehweiden und in degradierten, lichten Wäldern. Einzelvorkommen gibt es in Niedermoorgebieten auch noch östlich der Elbe.
Wuchs und Blätter: Der Stechginster bildet dichtbuschige, stark verzweigte, etwas über 1 m hohe immergrüne Sträucher. Die Triebe sind jung abstehend behaart, dunkelgrün, gefurcht und enden in einem langen, spitzen Dorn. Die kleinen, an der Basis der Triebe angeordneten, dreizähligen Blättchen stehen an dornig gewordenen Kurztrieben. Die Blätter können ebenfalls zu kleinen, pfriemlichen, relativ weichen Dornen umgewandelt sein.
Blüte und Frucht: Die Hauptblütezeit fällt auf Ende Mai bis Juni. Es bilden sich aber häufig schon vorher einzelne Blüten. In geringer Anzahl können auch noch bis zu den ersten Frösten Blüten vorkommen. Sie sind dunkelgelb, etwa 2 cm groß und stehen meist einzeln auf 5 bis 10 mm langen, dicht behaarten Stielen. Der Kelch ist gelbrot bis braunrot behaart. Die etwa 1,5 cm lange, stark behaarte Hülse ragt nur wenig aus dem etwas blasig aufgetriebenen Kelch hervor und enthält 2 (-4) dunkle, schwach dreikantige Samen.
Bemerkungen: Der Strauch wird gelegentlich angepflanzt, dabei sind Stecklingsvermehrung und Frühjahrsaussaat möglich. Schnitthecken lassen sich nur in wintermilden Gebieten anlegen. Er bietet eine bescheidene Wildäsung und guten Sicht- und Deckungsschutz für Niederwild. Da er auch grün sehr rasch brennt, begünstigt er allerdings Brände. Östlich des Rheins leidet er sehr unter Winterfrösten, kann aber aus dem Wurzelstock bald wieder neue Triebe ausbilden. Angepflanzt oder ausgesät als wintergrüne Wildäsung wurde der Stechginster schon früher in Kiefernwäldern bis zur Oder. Da er waldbrandfördernd wirkt und die Erwartungen als Futterpflanze nicht erfüllt hat, geht er wieder zurück.

Wolliger Schneeball
Viburnum lantana L.

Familie: Caprifoliaceae – Geißblattgewächse
Name: *Viburnum* = lat. Name einer uns unbekannten Strauchart; *lantana* von *lentare* = lat., biegen (biegsame Zweige)
Verbreitung und Vorkommen: Der Strauch kommt vor allem in Südeuropa, Nordafrika, Kleinasien und im Kaukasus vor. In Mitteleuropa gedeiht er meist nur auf Kalkboden, im nördlichen Mitteleuropa ist er sehr selten. Er bevorzugt bei uns lichte Wälder und warme Hänge.
Wuchs und Blätter: Die Art wird 1 bis 3 (bis 5) m hoch mit sparrigen Ästen und vielen Stockausschlägen. Die durch Sternhaare graufilzigen Zweige mit weitem, weißem Mark sind teilweise lang und rutenförmig und dann sehr biegsam. Die Knospen tragen keine schützenden Schuppen und weisen damit auf die Herkunft des Strauches aus den wintermilden Gebieten um das Mittelmeer hin. Die äußeren, nur unvollkommen entwickelten Laubblätter übernehmen den Knospenschutz. Die oberseits dunkelgrünen, unterseits graufilzigen, eiförmigen bis elliptischen, kurz zugespitzten oder stumpfen Blätter werden 6 bis 12 cm lang. Ihr Rand ist feingesägt bis gezähnt.
Blüte und Frucht: Die Blüten erscheinen Ende Mai bis Juni in endständigen, reich verzweigten, schirmförmigen Trugdolden. Die Blütenstiele tragen eine dichte sternhaarfilzige Behaarung. Die weißgelblichen Blütenblätter sind beim Aufblühen oft etwas rötlich überlaufen. Die nektarlosen Pollenblüten verbreiten einen starken Duft. Die Früchte reifen ungleichmäßig, so daß grüne, rote und reife schwarze, etwa erbsengroße Steinfrüchte in einem Fruchtstand angetroffen werden können.
Bemerkungen: Die Beerenkerne des Wolligen Schneeballs wurden häufig in Pfahlbausiedlungen gefunden. Ähnlich den Weidenzweigen eignen sich die biegsamen Ruten zum Binden. Die Zweige wurden zu Pfeifenrohren, stärkere Exemplare zu Spazierstöcken verwendet. In wintermilden Gebieten ist die Art rauchhart und hat ein hohes Staubfangvermögen.

Gemeiner Schneeball
Viburnum opulus L.

Familie: Caprifoliaceae – Geißblattgewächse
Name: *Viburnum* = lat. Name einer uns unbekannten Strauchart; *opulus* = lat. Name des Feldahorns (ähnliche Blätter)
Verbreitung und Vorkommen: Der Gemeine Schneeball kommt in Europa bis zum Polarkreis vor, außerdem in Nordafrika und Asien. In Mitteleuropa liegt sein Verbreitungsschwerpunkt im ozeanisch beeinflußten Gebiet. Er ist häufig an Wasserläufen anzutreffen und wird daher auch Wasserschneeball genannt. Auf trockenen Kalkböden weist er häufig auf kleine Sikkerwasseraustrittsstellen hin.
Wuchs und Blätter: Der bis 5 m hohe Strauch hat ein rasches Jugendwachstum, großes Ausschlagsvermögen und kann reichlich Wurzelbrut bilden. Die Zweige sind dünn und biegsam mit hellbrauner Rinde. Die drei- bis fünflappigen Blätter werden etwa 10 cm lang. Ihre Stiele besitzen nektarausscheidende Drüsen, die von Bienen besucht werden. Die Blattlappen sind buchtig gezähnt und zugespitzt. In der Regel verfärben sich die Blätter im Herbst leuchtendrot.
Blüte und Frucht: Die Blütezeit fällt auf Ende Mai bis Juni. Die Blüten stehen in großen, schirmförmigen Trugdolden mit großen, weißen, sterilen Randblüten und kleinen, weißlichen, fruchtbaren inneren Blüten. Die auffallend roten, glänzenden Steinfrüchte mit einem flachen, roten Kern bleiben auch im Winter am Strauch.
Bemerkungen: Bei den schon länger kultivierten Sorten der Art sind alle Blüten steril und bilden kugelige, einem Schneeball ähnliche Blütenstände. Die Früchte gelten bei uns in Mitteleuropa als ungenießbar und werden auch von Vögeln nur in sehr strengen Endwintern verzehrt. Die Rinde wurde früher als krampfstillendes Mittel verwendet, da sie Baldriansäure enthält. Der rauchharte Strauch wird vor allem auf trockenen Standorten stark von der Schwarzen Rüben- und Bohnenblattlaus befallen, weshalb in intensiven Gemüseanbaugebieten Anbaubeschränkungen für ihn erlassen wurden.

Erläuterung von Fachausdrücken

♀ = Symbol für weiblich bzw. weibliche Organe
♂ = Symbol für männlich bzw. männliche Organe

Blattstellung am Zweig:
- **wechselständig, spiralig:** Die Blätter sind spiralig um den Zweig angeordnet.
- **gescheitelt:** Die Blätter sind primär spiralig angeordnet, krümmen sich aber in eine Ebene, besonders im Schatten, und erscheinen dann zweizeilig angeordnet (Tanne, Eibe).
- **zweizeilig:** Die Blätter sind wechselständig in zwei gegenüberliegenden Reihen angeordnet (Ulme, Hasel, Linde).
- **gegenständig:** Die Blätter stehen paarweise in gleicher Höhe an der Sproßachse.
- **kreuzgegenständig:** Je zwei am Sproß aufeinanderfolgende Blattpaare stehen rechtwinklig zueinander (Spindelbaum).

Blindholz: Bezeichnung für Holz in der Möbelindustrie, auf das wertvolle Furniere aufgeleimt werden. Der Vorteil ist Einsparung wertvoller Edelhölzer und geringeres Gewicht der Möbel. Es eignet sich Pappelholz besonders gut.
Borke: Siehe Rinde.
Dorn: Spitzes, verholztes, starres, pfriemenförmiges Gebilde, das durch Umwandlung von Blättern (z. B. Berberitze), Nebenblättern (z. B. Robinie) oder von Sprossen (z. B. Sanddorn) entstanden ist.
Einhäusig (monözisch): ♂ und ♀ Blüten stehen auf demselben Individuum (z. B. Haselnuß). Die Einhäusigkeit kann unvollkommen sein, wenn zurückgebildete Staub- oder Fruchtblätter vorhanden sind, die gelegentlich funktionsfähig werden. Siehe auch zweihäusig.
Faserholz: Holz geringerer Qualität, das zu Faser- und Spanplatten verarbeitet wird oder der Gewinnung von Zellulosefasern, des Zellstoffes, dient, der als chemischer Rohstoff große Bedeutung hat.
Flurgehölze: Restgehölze in offenen Agrarlandschaften oder planmäßig angelegte Baumreihen bzw. schmale Waldstreifen. Sie dienen als Schutz gegen aushagernde Winde und Erosionen auf Kulturflächen oder an Wasserläufen und Steilhängen. Sie wirken staubmindernd, lärmdämpfend und bieten Pflanzen und Tieren sonst nicht mehr vorhandene Biotope. Flurgehölze verwendet man auch zur Eingrünung von Industrieanlagen und Siedlungen, Kippen, Halden und Mülldeponien. Richtig angelegt können sie Holz, Früchte und Drogen erzeugen sowie als Bienenweide benutzt werden. Sie gliedern die Landschaft.
Furnier: Meist aus wertvollem Edelholz geschnittene dünne Blätter, die vor allem in der Möbelindustrie auf weniger wertvolles Blindholz geleimt werden.
Hochwald: Ein Wald, der sich nur aus dem Aufwuchs von Samen, auch Kernwuchs genannt, zusammensetzt. Siehe auch Niederwald, Mittelwald.

Kern (Kernholz): Älterer, innerer Teil des Holzkörpers, der durch zunehmende Erschwerung der Zufuhr von organischen Stoffen und Sauerstoff abgestorben ist. Die Wasserleitungsbahnen sind verstopft. Der Kern dient nur noch der Festigung des Stammes. Er ist durch Einlagerung verschiedener Stoffe gegen Zersetzung geschützt, dichter, härter, fester, schwerer und oft anders gefärbt als das ihn umgebende Holz des Splints.
Knospen: Ein von jungen Blattanlagen eingehüllter Sproßscheitel, der von meist derben Schuppenblättern bedeckt ist. Es sind Überdauerungs- und Ruhestadien. Ruhende Knospen, auch als »schlafende Augen« bezeichnet, stellen Knospenanlagen dar, die sich nicht weiterentwickeln und oft erst nach vielen Jahren austreiben, vor allem bei mechanischer Verletzung des Stammes, bei plötzlicher Lichtstellung eines Baumes oder nach Spätfrösten (z. B. Johannistriebe).
Kurztrieb: Kurzer Seitensproß mit kurzen, knotigen, oft geringelten Stengelgliedern, häufig nur mit einer Endknospe und einem Blattbüschel.
Langtrieb: Schlanker, rutenförmiger Trieb, dessen Blätter entfernt stehen. Er zeigt in der Regel die charakteristischen Bestimmungsmerkmale der Art, z. B. die typische Blattstellung.
Lentizellen: Kleine, rundliche oder langgestreckte Gebilde, die meist über die Rinde etwas hervorragen und häufig heller oder dunkler als diese gefärbt sind. Sie bauen sich aus rundlichen Zellen auf und werden vom Korkkambium gebildet. Sie dienen als Atemöffnungen und ermöglichen die Luftzufuhr unter die undurchlässig gewordene Rinde mit ihren lebenden Zellen.
Massenleistung: Maßstab für die Wuchsleistung von Waldbeständen und Baumarten, ausgedrückt in Kubikmetern = Festmetern Holz pro Hektar und jeweiligem Alter des Bestandes, bei Bäumen dienen auch Höhe und Alter als Anhaltspunkt.
Mittelwald: Ein Waldbestand, der sich aus Kernwüchsen (d. h. aus Aufwüchsen aus Samen), dem Oberholz und aus Stockausschlägen, dem Unterholz, zusammensetzt.
Niederwald: Ein nur aus Stockausschlägen hervorgegangener Wald, der etwa alle 10 Jahre kahlgeschlagen wird. Diese veraltete Bewirtschaftungsform ist nur noch selten im Hügelland anzutreffen; sie diente vor allem der Brennholzgewinnung, auch Gerbrindengewinnung.
Pionierbaumart: Bezeichnung für eine Baumart, die genügsam in ihren Ansprüchen ist, schwierige Standorte zu besiedeln vermag und für empfindlichere, aber forstlich wertvollere Baumarten günstigere Lebensbedingungen schafft. Ähnliches gilt auch für Pioniersträucher.
Rauchschäden (Immissionsschäden): Schäden vor allem an den Assimilationsorganen von Pflanzen durch Gase und Stäube in verunreinigter Luft. Die Widerstandsfähigkeit der einzelnen Gehölzarten gegenüber diesen Einwirkungen ist verschieden, wobei dieselbe Art auch je nach Schadstoff (Schwefel-, Fluor-, nitrose Gase u. a.) verschieden empfindlich sein kann. Meist sind Laubgehölze »rauchresistenter« als Nadelbäume.
Rinde: Als Rinde im engeren Sinne wird nur das primäre Abschlußgewebe eines Baumes bezeichnet, wie es z. B. an jungen Zweigen, bei der Buche auch an Stämmen, anzutreffen ist. Das sekundäre Abschlußgewebe von

Ästen und Stämmen, z. B. bei Kiefer und Eiche, nennt man Borke. In diesem Buch wurde aber bewußt kein Gebrauch von der Trennung der Begriffe gemacht und für beide die umgangssprachliche Bezeichnung Rinde verwendet.

Splint: Die äußersten Holzschichten, die aus den zuletzt entstandenen Jahrringen bestehen. Sie enthalten noch lebende Zellen, dienen vorrangig der Wasserleitung und sind häufig heller als der Kern gefärbt.

Stachel: Spitzer Auswuchs des Rindengewebes (kein umgewandeltes Blatt- oder Sproßorgan). Volkstümlich aber ebenfalls als Dorn bezeichnet.

Stockausschlag: Sprosse aus den Stümpfen gefällter Bäume oder Sträucher, die sich erst auf den starken Reiz der Fällung oder einer stärkeren Verletzung hin aus ruhenden Knospenanlagen bilden. Das Stockausschlagsvermögen von Bäumen, vor allem der Eiche, ist Voraussetzung für den Mittel- und Niederwaldbetrieb.

Wurzelbrut: Aus Adventivknospen an Wurzeln entstehende Sprosse.

Zweihäusig: Gewächse, die auf einer Pflanze nur männliche oder weibliche Blütenorgane ausbilden. Bei unvollkommener Zweihäusigkeit kommt vereinzelt auch das andere Geschlecht vor.

Zwittrige Pflanzen: Die Blüten bestehen sowohl aus Staubblättern als auch aus Fruchtblättern. Zwischen zwittrigen, einhäusigen und zweihäusigen Pflanzen gibt es Übergänge.

Literatur

DÄSSLER, H. G.: Einfluß von Luftverunreinigungen auf die Vegetation. 3. Aufl., Jena 1986

EISELT, M. G. / R. SCHRÖDER: Laubgehölze. Radebeul 1977

EISELT, M. G. / R. SCHRÖDER: Nadelgehölze. Radebeul 1976

GÖRITZ, H.: Laub- und Nadelgehölze für Garten und Landschaft. Berlin 1986

KRÜSSMANN, G.: Handbuch der Laubgehölze (2. Bd.). Berlin-Hamburg 1976/78

KRÜSSMANN, G.: Die Nadelgehölze. Berlin-Hamburg 1979

MISSBACH, K.: Waldbrand-Verhütung und -Bekämpfung. 3. Aufl. Berlin 1982

MORGENTHAL, J.: Die Nadelgehölze. 4. Aufl., Jena 1964

ROTHMALER, W., MEUSEL, H., SCHUBERT, R.: Exkursionsflora für die Gebiete der DDR und BRD, 12. Auflage, Berlin 1984

WEINITSCHKE, H.: Naturschutz und Landnutzung. Jena 1987

Register der Artnamen

A

Abies alba 20
Acer campestre 40
Acer negundo 42
Acer platanoides 44
Acer pseudoplatanus 46
Aesculus hippocastanum 48
Aesculus pavia 48
Ahorn, Eschenblättriger 42
Akazie, Falsche 94
Alnus glutinosa 50
Alnus incana 52
Alnus viridis 114
Arve 26
Aspe 82

B

Berberis vulgaris 116
Berberitze 116
Bergahorn 46
Bergkiefer 28
Bergmispel 126
Bergulme 108
Besenginster 204
Betula carpatica 56
Betula pendula 54
Betula pubescens 56
Betula verrucosa 54
Blasenrost 32, 184
Blaufichte 24
Bocksdorn, Gemeiner 176

C

Carpinus betulus 58
Castanea sativa 60
Cerasus avium 62
Clematis vitalba 118
Cornus mas 120
Cornus sanguinea 122
Corylus avellana 124
Cotoneaster integerrimus 126
Crataegus laevigata 128
Crataegus monogyna 130
Crataegus oxyacantha 128
Cytisus nigricans 164

D

Daphne mezereum 132
Dotterweide 96
Douglasie, Grüne 36

E

Eberesche 100
Eberesche, Süße 100
Edelkastanie 60
Edeltanne 20
Efeu 150
Eibe 38
Elsbeere 102
Esche, Gemeine 66
Espe 82
Euonymus europaea 134
Euonymus latifolia 136
Euonymus verrucosa 138

F

Fagus sylvatica 64
Färberginster 146
Faulbaum 140
Feldahorn 40
Feldulme 112
Fichte, Gemeine 24
Flatterulme 110
Flaumeiche 88
Flügelginster 148
Föhre 34
Frangula alnus 140
Fraxinus excelsior 66

G

Geißblatt, Echtes 168
Geißblatt, Wildes 172
Geißklee, Schwärzender 164
Genista germanica 142
Genista pilosa 144
Genista tinctoria 146
Genistella sagittalis 148
Ginster, Deutscher 142
Grauerle 52
Grünerle 114

H

Haarbirke 56
Haarginster 144
Hainbuche 58
Hängebirke 54
Hartriegel, Blutroter 122
Hasel 124
Heckenkirsche, Rote 174
Heckenkirsche, Schwarze 170
Hedera helix 150
Heideginster 144
Herlitze 120
Hippophae rhamnoides 152
Hirschholunder 202
Holunder, Roter 202
Holunder, Schwarzer 200
Holzapfel 70
Holzbirne 84
Hornbaum 58
Hülse 154
Hundsrose 190

I

Ilex aquifolium 154

J

Jelängerjelieber 168
Jochelbeere 188
Johannisbeere, Alpen- 184
Johannisbeere, Rote 184
Johannisbeere, Schwarze 186
Juglans nigra 68
Juglans regia 68
Juniperus communis 156
Juniperus nana 160
Juniperus sabina 158
Juniperus sibirica 160

K

Karpatenbirke 56
Kastanie, Echte 60
Kellerhals 132
Kienbaum 34
Knieholz 28
Korallenbeere 208
Korbweide 198
Kornelkirsche 120
Kreuzdorn, Purgier- 182
Küstendouglasie 36

L

Lärche, Europäische 22
Lärche, Japanische 22
Larix decidua 22
Larix europaea 22
Larix kaempferi 22
Latsche 28
Ledum palustre 162
Leinbaum 44
Lembotropis nigricans 164
Liguster, Gemeiner 166
Ligustrum vulgare 166
Lonicera caprifolium 168
Lonicera nigra 170
Lonicera periclymenum 172
Lonicera xylosteum 174
Lycium barbarum 176

M

Malus sylvestris 70
Maulbeere, Schwarze 72
Maulbeere, Weiße 72
Mehlbeere 98
Mespilus germanica 178
Mispel, Deutsche 178

Mispel, Echte 178
Moorbirke 56
Morus alba 72
Morus nigra 72

O

Ohrweide 192

P

Padus avium 74
Padus serotina 76
Pfaffenhütchen,
Breitblättriges 136
Pfaffenhütchen, Europäisches 134
Pfeilginster 148
Picea abies 24
Picea pungens 24
Pimpernuß 206
Pinus cembra 26
Pinus mugo 28
Pinus nigra 30
Pinus strobus 32
Pinus sylvestris 34
Populus alba 78
Populus nigra 80
Populus nigra italica 80
Populus tremula 82
Prunus avium 62
Prunus padus 74
Prunus spinosa 180
Pseudotsuga menziesii 36
Pulverholz 140
Purgierkreuzdorn 182
Purpurweide 196
Pyramidenpappel 80
Pyrus pyraster 84

Q

Quercus pedunculata 90
Quercus petraea 86
Quercus pubescens 88
Quercus robur 90
Quercus rubra 92
Quercus sessiliflora 86

R

Rainweide 166
Rhamnus cathartica 182
Rhamnus frangula 140
Ribes alpinum 184
Ribes nigrum 186
Ribes uva-crispa 188
Robinia pseudoacacia 94
Robinie 94
Rosa canina 190
Rosmarin, Wilder 162
Roßkastanie, Gemeine 48
Rotbuche 64
Roteiche 92
Roterle 50
Ruchbirke 56

S

Sadebaum 158
Salix alba 96
Salix aurita 192
Salix caprea 194
Salix purpurea 196
Salix viminalis 198
Salweide 194
Sambucus nigra 200
Sambucus racemosa 202
Sandbirke 54
Sanddorn 152
Sarothamnus scoparius 204
Sauerdorn 116
Schlehe 180
Schneeball, Gemeiner 214
Schneeball, Wolliger 212
Schneebeere 208
Schwarzdorn 180
Schwarzerle 50
Schwarzkiefer 30
Schwarzpappel 80
Seidelbast 132
Silberpappel 78
Silberweide 96
Sommerlinde 106
Sorbus aria 98
Sorbus aucuparia 100

Sorbus aucuparia
var. dulcis 100
Sorbus aucuparia
var. moravica 100
Sorbus domestica 100
Sorbus torminalis 102
Speierling 100
Spindelbaum, Breitblättriger 136
Spindelbaum, Gemeiner 134
Spindelbaum, Warziger 138
Spirke 28
Spitzahorn 44
Stachelbeere, Wilde 188
Staphylea pinnata 206
Stechfichte 24
Stechginster 210
Stechpalme 154
Steineiche 154
Stieleiche 90
Stinkwacholder 158
Stranddorn 152
Strobe 32
Sumpfporst 162
Symphoricarpos albus 208
Symphoricarpos orbiculatus 208

T

Taxus baccata 38
Teufelszwirn 176
Tilia cordata 104
Tilia platyphyllos 106
Traubeneiche 86
Traubenkirsche, Gewöhnliche 74
Traubenkirsche, Späte 76
Trauerweide 96

U

Ulex europaeus 210
Ulmus carpinifolia 112
Ulmus effusa 110
Ulmus glabra 108
Ulmus laevis 110
Ulmus minor 112
Ulmus montana 108
Ulmus scabra 108

V

Viburnum lantana 212
Viburnum opulus 214
Vogelbeere 100
Vogelkirsche 62

W

Wacholder, Gemeiner 156
Waldgeißblatt 172
Waldkiefer 34
Waldrebe, Gemeine 118
Walnuß, Echte 68
Walnuß, Schwarze 68
Warzenbirke 54
Weißbuche 58
Weißdorn, Eingriffliger 130
Weißdorn, Zweigriffliger 128
Weißerle 52
Weißtanne 20
Welschnuß 68
Weymouthskiefer 32
Wildapfel 70
Wildbirne 84
Wildkirsche 62
Winterlinde 104

Z

Zirbelkiefer 26
Zitterpappel 82
Zwergmispel, Echte 126
Zwergwacholder 160